教科書に書かれなかった戦争 PART64

韓国人元BC級戦犯の訴え

―何のために、誰のために

李鶴来《イ・ハンネ》

解説：内海愛子
編集：大山美佐子

梨の木舎

目次

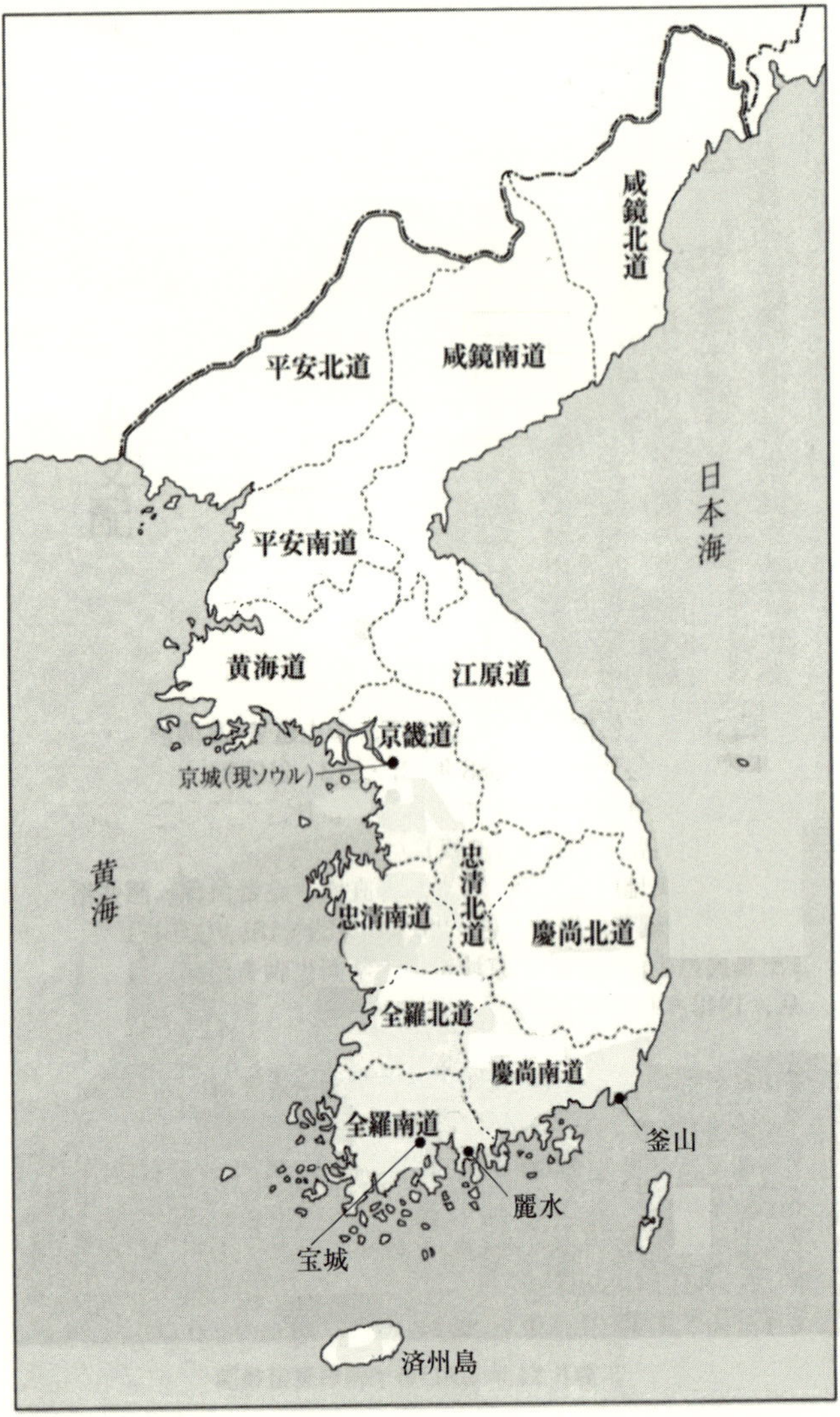
咸鏡北道
平安北道
咸鏡南道
日本海
平安南道
黄海道
江原道
京畿道
京城（現ソウル）
忠清北道
黄海
忠清南道
慶尚北道
全羅北道
慶尚南道
全羅南道
釜山
麗水
宝城
済州島

朝鮮半島略図

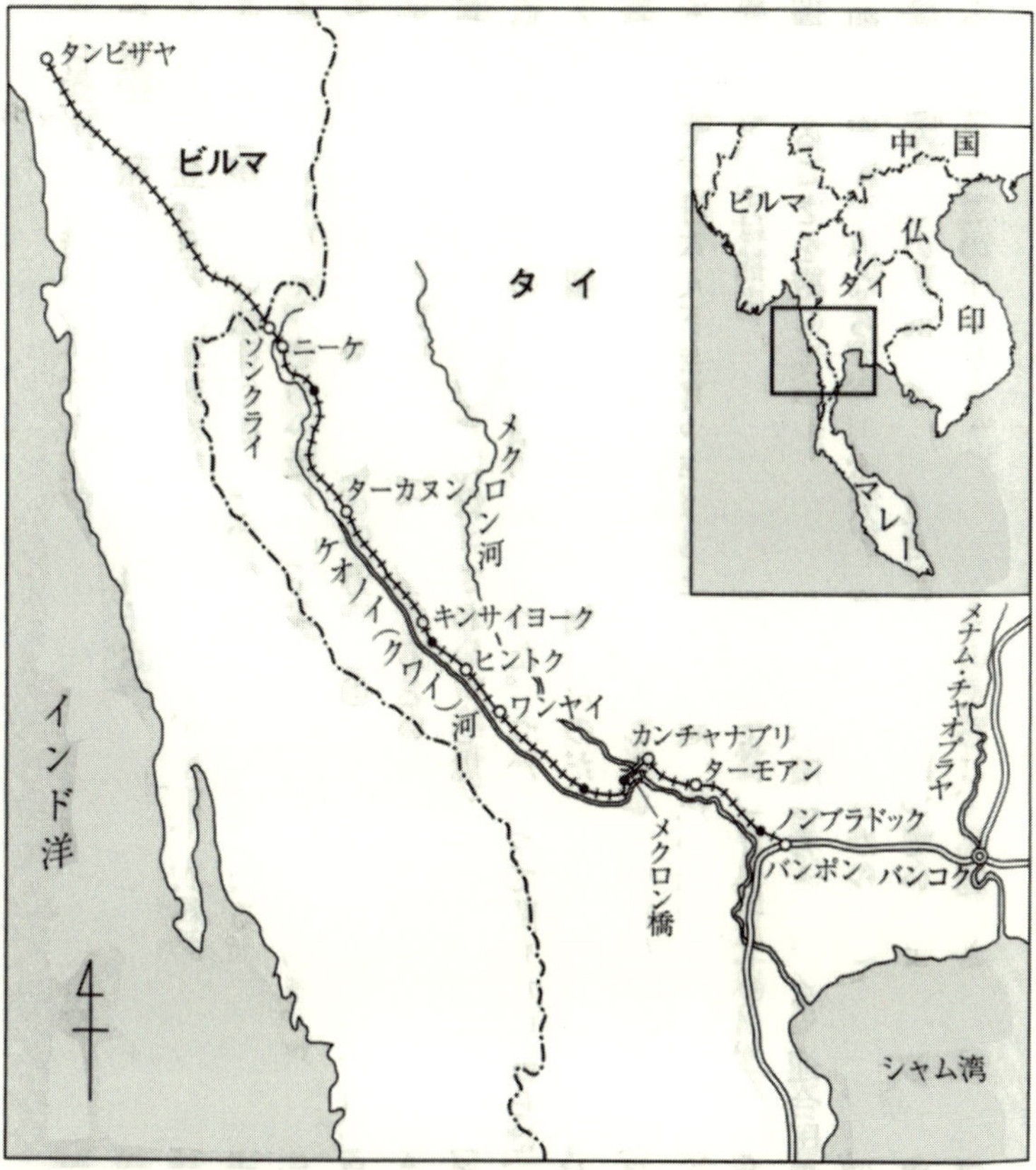

泰緬鉄道地図（内海愛子『朝鮮人 BC 級戦犯の記録』岩波現代文庫より）

1 「死の鉄路」の捕虜監視員

泰緬鉄道現場で一緒に働いた朝鮮人捕虜監視員。左端が著者

一七歳の捕虜監視員

「死の鉄路」と呼ばれた泰緬《たいめん》鉄道をご存知でしょうか？　現在のタイ・バンコク西方のノンブラドックから、ミャンマー（当時ビルマ）のタンビザヤまでの四一五キロメートルを結ぶ鉄道です。

一九四一年一二月八日、真珠湾攻撃で太平洋戦争に突入した日本軍は、同日にマレー半島にも上陸。イギリス、フランス、オランダなどが植民地支配していた東南アジア各地で、占領地域を広げていきました。

対ビルマ作戦の補給路として、大量の連合国捕虜を労働力として使い、ジャングルを切り拓き、無謀ともいえる状況で建設された鉄道が、泰緬鉄道です。一九四二年七月着工、翌四三年一〇月完成の急ピッチでした。

この鉄道建設には捕虜約五万五〇〇〇人が投入され、そのうち約一万三〇〇〇人もが亡くなっています。『戦場にかける橋』（米英合作映画、一九五七年）という映画がヒットし、そのなかで捕虜が口笛で吹く「クワイ河マーチ」を耳にしたことのある方もいるかもしれません。

私はまさにその鉄道建設現場の、タイ側の起点ノンブラドックから一六一キロメートル地点の「ヒントク」という現場で、連合国捕虜の監視をしていました。一七歳だった私は、韓国の生まれ故郷から初めて外の世界に出、南方に運ばれ、「捕虜監視員」という日本軍末端の軍属として配置されました。自分がどういう状況で、どういう場所に置かれていたかは、戦後になり、歴史を学ぶなかから、初めて知ったことです。

朝鮮人の私が、作戦や戦況を知る機会があるわけはなく、とにかく目の前の事態に対応すること、上官の命令が絶対であった日本軍の中で何とか立ちまわること、むしろ若く真面目だったがゆえに任務に忠実であろうと懸命でした。

戦中、私が何をしていたのか、まず そこから語ることにしましょう。

初めて捕虜と出会う

太平洋戦争の最初の戦いで、思いのほかの勝利を収めた日本軍は、投降した多くの連合国軍捕虜を抱えますが、その管理に苦慮し、考えたのが、日本が植民地支配をしていた朝鮮や台湾の青年を監視員にあてることでした。

朝鮮からは、約三〇〇〇名が捕虜監視員として、タイ、ジャワ、マレーの俘虜収容所に配属されました。厳しい二カ月の軍事訓練ののち、三〇〇〇名は、一九四二年八月一九日に釜山から、九艘の船団で出発しました。私はひどく船酔いをしました。船倉の蚕棚《かいこだな》のようなところに詰め込まれ、船の甲板にも出してもらえないのです。食事にはカボチャ汁がよく出て、あれには参りました。

八月三〇日にやっとサイゴン港沖合（現ホーチミン市）のサンジャックに停泊しましたが、すぐには船からは出られません。現地の小船が寄って来て、初めてバナナなど南方の果物を買いました。

ジャワ、マレーなどに向けさらに南下する仲間とはここで別れ、タイ俘虜収容所配属の私たち約八〇〇名ほどがサイゴンに上陸しました。すごいスコールで、親指ほどもありそうな雨粒が痛いくらいでした。サイゴンの町は日の丸の旗で埋め尽くされ、大変な歓待ぶり。初めて、「日本は強いんだな」と実感しました。日本軍の看護婦が人力車に乗って移動している姿もきれいでした。現地の人々の日本軍に対する反発は、まったく感じられませんでした。サイゴンの宿舎は鳥小屋のようなところで、そこに一週間か一〇日ほど滞在。サイゴンから、行き先は知らされないまま汽車に乗りました。着いた先は、タイの首都バンコクから西に八〇キロほど離れたノンブラドック駅でした。

九月九日頃だったと思いますが、ここで私たちは初めて、連合国捕虜に会いました。捕まって間もない捕虜たちは、体格もよく、私たち監視員が見上げる大きさ。しかも千数百名はいたのではないでしょうか。圧倒的多数です。

いまでこそ、みなさんもさまざまな国の人と接する機会があると思いますが、当時アジア人と欧米人の体格差は非常に大きいものがありました。しかも、朝鮮の田舎しか知らない私にとっては、大勢の欧米人の捕虜には恐怖感すらありました。

しかも彼らは言うことを聞きません。彼らは口笛をよく吹いていましたが、「やめろ！」と制止してもやめません。彼らは彼らで、われわれを「こんなチンピラみたいな奴」と思っていたのでしょう。口笛も気分転換で吹いていたのでしょうが、私には嫌悪感しかありませんでした。

しかしそのうち、「なめられてたまるか」と思うようになりました。捕虜に対し「かわいそう」という気持ちではなく、監視員としてのプライドや、軍人精神の教えである「戦陣《せんじん》訓《くん》」の影響などが潜在的にはあったと思います。

捕虜を連れ、ノンブラドックから五〇キロ地点のカンチャナブリまで貨車で行き、その先は船でクワイ河を遡り、一二五キロ地点のワンヤイに上陸したのは九月半ば頃です。私の最初の所属は、ワンヤイのタイ俘虜収容所第四分所本部でした。

ワンヤイの分所

タイ俘虜収容所は、タイ側とビルマ側に大まかに分かれ、タイ側には「分所《ぶんしょ》」が五つ、その下にいくつかの「分遣所《ぶんけんしょ》」、さらに下に「分駐所《ぶんちゅうしょ》」がありました。

私の所属する第四分所全体では、約一万一〇〇〇人の捕虜がおり、それを日本の下士官一七人、朝鮮人捕虜監視員一三〇人で管理しました。

分所長は石井民恵《たみえ》という中佐で、その下に尉官が数人おり、その一人が臼杵喜司穂《うすききしほ》中尉でした。臼杵中尉は、捕虜監視員として集められたわれわれに朝鮮で軍事訓練を施した「野口部隊」に所属しており、野口部隊の日本人将校・下士官の一部は、そのまま南方に転属になったのです。

二四歳の臼杵中尉は軍人精神の旺盛な人で、銃剣術の達人でした。軍律に厳しく、自分にも厳しい人ですが、なぜか、私によく目をかけてくれました。収容所にはいわゆる「兵士」がいないので、「軍属」が将校の当番兵を務めます。私は臼杵中尉の当番兵に指名されたこともあります。

ワンヤイの分所本部は川べりの平地にあり、そこでのわれわれの仕事は、主には宿舎設営でした。一棟に五〇人くらい入る宿舎を建てるのです。宿舎といっても、ニッパヤシの葉で屋根をふき、竹で床を張った簡単なものです。

警備は、本部入口の衛兵所や所内の歩哨《ほしょう》勤務を二交代でやります。歩哨は所内を巡回して捕虜の動静を監視し、逃亡を防ぐのが仕事です。

しかし仕事は監視だけではありません。建設を受け持つ日本軍の「鉄道隊」が、捕虜と現地の労務者を使いながら、路盤構築・レール敷設の工事を進めるのですが、捕虜収容所側は捕虜を管理し、鉄道隊の要求する作業人員を引き渡さねばならないのです。

私は歩哨や衛兵係の勤務状況を管理する「衛兵司令」を、臼杵中尉の命でやったことがあります。私より優秀な人もいましたが、臼杵中尉にしてみれば、自分の信頼のおける人間にやらせたかったのでしょう。最年少で司令などやるのは、初めはちょっと抵抗がありましたが、そのうち慣れました。

ヒントクに移動

一九四二年一二月に、臼杵中尉の管轄する第三分遣所に配属され、ワンヤイからさらに奥に入ったカンニューに移動しました。捕虜は七〇〇〜八〇〇人、軍属は三〇人くらいだったでしょうか。カンニュー分遣所は川べりの傾斜地にあり、鉄道隊もいたし、宿舎もすでに出来ていました。捕虜の労働はなかったので、私たちの仕事はほとんどが警備でした。

年が明け、一九四三年二月になって、カンニューの分遣所から、さらに奥に入ったヒントクに、新たに分駐所が設けられました。七月頃に主力が来るまで、なんと私が全般的業務にあたることになったのです。

捕虜五〇〇人（オーストラリア人が半分くらいで、イギリス人・オランダ人が残りの半分）を連れて、ヒントクに向かいました。日本人の上官は誰もおらず、同行するのは朝鮮人軍属六名だけです。

本当に、怖いもの知らずだったと思います。泰緬鉄道の起点ノンプラドックから一六一キロ地点のヒントクはジャングルの真只中です。直径一〇センチ以上もある竹が数十本もかたまり、大木に蔦《つた》のようなものがからまる山道をたどり、川ではポンポン船が曳航《えいこう》する艀《はしけ》に捕虜を乗せて輸送しました。

ポンポン船はタイ人が運転しており、その船も現地徴収したのでしょう。一艘に捕虜を四〇人くらい乗せ、監視員はそれぞれに一人ですから、捕虜がわれわれを川の中に突き落とそうと思えば簡単だったと思います。しかし、そうしなかった。やったら報復されるとわかっているのです。

地獄の業火峠

ヒントクは、泰緬鉄道の中でも最大の難所だと言われていました。岩石地帯でしたから、岩山を迂回《うかい》し、断崖にへばりつくように線路を通さねばならない。それでもどうしても通せない場合は、岩を爆破し、ノミをふるって切り通しを作り、そこに線路を通す。ヒントクは、その過酷さゆえに、捕虜たちから「ヘル・ファイヤー・パス（地獄の業火峠）」と呼ばれるようになりました。

私は一九四三年二月から、泰緬鉄道が完成する同年一〇月まで、ヒントクで捕虜の監視を行いましたが、この現場での出来事が、後々私を「戦犯」へと追いやることになるのです。ヒントクには、鉄道第九連隊第四大隊の十数人が先に来ていて、測量などを始めていました。収容所の建設地は、昼間も暗いジャングルの道沿いで、川から少し離れたところが指定されていました。

宿舎を建てる場所を確保しようにも、数十本で一株となっている竹は、根元を切ったぐらいでは倒れません。ロープをかけて五～六人で引っ張るのです。伐採した竹は宿舎の材料にしますが、竹にはトゲが生えていて、根っこは焼いても爆破しても残るという代物でした。屋根をふくニッパヤシの葉は、この辺では手に入らず、ジャーク張りという形にヤシの葉をまとめた物を船で運んできました。

タイの雨季は五月から九月。設営を始めた二月はまだ乾季だったので、作業は割合はかどりました。一〇棟の捕虜用の宿舎と日本軍の宿舎、炊事場と病棟、これが分駐所の全部でした。

病棟といっても、薬はマラリアの予防薬キニーネが少量あるだけという状態ですから、病人の隔離宿舎みたいなものです。日本人の医者はもちろん、衛生兵もいません。捕虜の中の軍医が治療にあたるのですが、薬も医療器具もありませんでした。

食糧は、十分ではなかったけれど、砕米に塩干魚やカボチャ、トウガン、果物のザボンなどがポンポン船で運ばれてきました。乾季のケオノイ河は水量が少なく、小さなポンポン船でもかなり上流まで遡ることができたのです。私たちの食糧も同じようなものですが、量・質とも捕虜よりはましでした。

最大の難所で「地獄の業火峠(hell fire pass)」と呼ばれたヒントク(写真:内海愛子)

分駐所の責任者の仕事

捕虜は最初の数週間は所内の設営作業に従事させ、鉄道工事に出したのはそれ以降のことです。仕事に行くときは、日本軍の鉄道隊が引き取りに来ます。こちらからも二人くらい現場に付いて行き、銃剣を持って、少し高い所に立って監視します。しかし、工事には関わらない。帰りは監視員が人員点呼して連れて帰ります。

最初の三カ月は私が事実上の責任者で、分遣所との業務連絡や命令の伝達、作業割当表に基づく人員の配置、食糧の支給手続きなどをやりました。作業現場には一回ほどしか行ったことがないので、どういうことがあったかは知りません。捕虜が鉄道隊で殴られて死んだと言われてもわからないのです。監視員は六人だけで、夜は交代で不寝番に立ち、昼は現場の監視です。

捕虜は朝仕事に出る前に、広場で食事をし、その後点呼をとります。作業中の昼御飯は、作ったものを持って行って食べたと思います。栄養の足りない食事ですが、捕虜は欧米式の飯盒《はんごう》を持っていて、炊事当番がいます。

炊事当番が配り終わると、余ったものを食べようとして、みんな蟻《あり》のように群らがってくる。私はそれを見かねて怒ったことがあります。今なら、一匙《ひとさじ》でも多く食べたいと思う気持ちはよくわかるのですが、当時はそういうふうには思わなかった。仕事は朝八時からで、早朝に食事をとるため、昼にはなおさらお腹が減ったのでしょう。

　捕虜に関することで一番印象が悪かったのは、仲間の悪口を言いに来ることです。彼らの隊長が事務所に来て、「手に負えないからなんとかしてくれ」と言ったこともあります。皆が皆ジェントルマンというわけではなく、彼ら自身で営倉《えいそう》（懲罰者を入れるための小屋）を作り、仲間を処罰したほどでしたから、まして監視員の立場にある者が、規則違反行為を見て黙認するわけにはいきません。

「適正」の方法は、やはりビンタでした。二～三回ビンタをして、反省させるといったものですが、教育の方法として日本軍では罪悪視されていなかったので、これが捕虜にとっては大変な恥辱だったことを私は知りませんでした。

　私も、宿舎ができ、片付けようと思った天幕を、捕虜の一人が敷き物にしているのを発見したときは、怒りのあまりビンタをはったことを、はっきり覚えています。

　ヒントクでの捕虜側の代表は、ダンロップという中佐でした。オーストラリア軍捕虜の上級将校であり、また軍医でもありました。私は作業人員を確保するため、ダンロップ中佐に協力を要請したけれど、「ヒロムラは終始ダンロップと口論していた」と、裁判資料に記されていたそうです。喧嘩腰とまではいかなくても、言い合いはありました。私は捕虜を作業に出してほしいと言い、向こうは仲間をかばおうとするわけですから。

　ダンロップ氏は戦後オーストラリアに戻り、国民的英雄として有名になりました。彼の戦時中の日記は本としてまとめられ（*The War Diaries of Weary Dunlop*）、日本でも『ウェアリー・ダンロップの戦争日記』（而立書房、一九九七年）として刊行されました。ヒントクでの一九四三年三月一七日の日記に、私のことを「〝実に嫌な奴〟と考えるようになった」と書いています。きっと、それ以上の気持ちもあったと思います。

戦場に向かう朝鮮人兵士

私は業務連絡のため、ヒントクの隣の拠点であるカンニューに出かけることがあり、捕虜三人ほどが同行しました。ジャングルの道を日帰りで往復するのですが、あるとき、道を覆っている木に猿がぶら下がっていて、捕虜たちが「班長！　アレ撃ッテ、撃ッテ」と言うのです。私は銃を携帯しており、彼らは猿を食糧にしたかったのかもしれませんが、もしも当たらないと困るので、私は撃ちませんでした。ちょっと撃ってみたい気はしたのですが。結局私は、戦争中に銃を一度も撃ったことがないのです。

警備の不寝番のときは、暇にまかせ自分で銃剣術の練習などをやっていたので、軍人精神はそれなりに旺盛でした。

ビルマに向けて行軍する日本軍の部隊に会ったのは、一九四三年の雨季に入る前だと思います。行軍していく兵の中に、朝鮮人志願兵がいたのです。何となく自分の国の人はわかるもので、親しみを感じて「ご苦労さん」と声をかけました。でも、その他には何も話せませんでした。もっと何か言いようがあったでしょうに、若いその頃は何も思いつかなかったのです。

一九四三年には朝鮮でも徴兵制が始まって、私の知る朝鮮人の軍属仲間で兵士になった人は、三人いました。同じ分遣所からは、安田仁根と金谷忠次の二人が徴兵検査に出かけていき、そのまま徴兵されました。次は自分の番だと思ったのを覚えています。軍属と兵士とでは格が違います。三人は共に優秀な人たちで、たまに会ったとき、挨拶も軍隊式の挨拶になっていました。

悲惨な捕虜の状態

一九四三年四月末頃だったと思いますが、他部隊の仙石上等兵が分駐所長として着任し、五月頃には仙石上等兵の後任に大塚部隊の坂田伍長《ごちょう》一行が来て、私の責任はいくらか軽くなりました。しかし、私の仕事の中身はほとんど変わりませんでした。

オーストラリアの捕虜は、「この鉄道はいずれわれわれのものになる」と言って、よく働きました。それだけこの戦争に勝つ自信があったのだろうし、そう考えた方が仕事の励みにもなったのでしょう。ただ、初めは口笛を吹いていた捕虜たちも、後半はその元気がなくなってしまいましたが、行進曲はよく歌っていました。

あの辺のジャングルは、タイでも有名な病原菌の巣窟《そうくつ》でした。マラリア、アメーバ赤痢《せきり》、コレラなどの伝染病のほかに、熱帯性潰瘍《かいよう》という怖い病気もありました。五月からの雨季には連日激しい雨が降り続き、道路はドロ沼のようで、トラック輸送などできません。ケオノイ河の水かさが増してポンポン船で食糧を運ぶこともできなくなってくると、米などが不足してきました。補給体制がずさんだから、栄養失調になった捕虜が死にました。彼らはよく下痢をしたし、労働で疲れ果てていました。

ヒントクではコレラは発生しなかったので、他の収容所より死者は少なかったと思っていたのですが、ダンロップ中佐の日記には、コレラのことが書いてあるので、発生したことはあるのでしょう。赤痢にかかっている者は多かったけれど、薬なし、休養もなし、でした。資料では五〇〇〇人の捕虜のうち一〇〇〇人が死亡とありますが、私の記憶ではそんなにいたかなという感じです。いつも三〇〇〇人くらいの捕虜が作業に出ていましたから。

今思うと本当にかわいそうなことをしたと思いますが、当時の日本軍は捕虜を人間的に扱うことはなく、捕虜は無視された存在でした。ジュネーブ条約に捕虜の人道的取扱いの規定があることは、教えられることはまったくありませんでした。むしろ「戦陣訓」の「生きて虜囚《りょしゅう》の辱《はずかし》めを受けず」という言葉のとおり、捕虜になること自体を否定し、それくらいなら死を選べと教え込んだのですから、敵国の捕虜を人道的に扱うはずもないのです。

私がノートなどの消耗品をもらいに上官のところに行くと、「このまえ渡したのが、もうなくなったのか」と言うのに、捕虜が死んでも何の関心も示しません。私の上官に金鵄勲《きんしくん》章《しょう》をもらった人がいましたが、「お前らの一人や二人殺しても、勲章を返せばいいだけだ」と言う。われわれに対してもそう放言するくらいだから、敵国捕虜に対してはおして知るべしでしょう。

捕虜の宿舎は雨が漏り、被服は彼らが所持していたものだけで、後半期にようやく少し支給した程度でした。それも、現地で押収したものです。褌《ふんどし》だけという捕虜もいました。捕虜は「靴がない」とよく苦情を言っていました。当時はそれほど大変なこととは思わなかったけれど、いま考えてみれば、ゴツゴツした岩肌の上での作業ですし、熱帯性潰瘍などで皮膚がただれているところに傷ができるのですから、靴の有る無しは大変なことだったのです。

急がされる鉄道建設

鉄道建設の工期ですが、インパール作戦のために一九四三年一〇月までに完成させよ、と命じられていました。大岩石地帯もあるし、ケオノイ河に架ける鉄橋もある。普通ならば六～七年かかる工事だったそうですが、それを何分の一でやれというのが大本営の命令です。しかも途中で、二カ月完成を早めろという再命令が出ていたそうです。

四一五キロメートルのうちの七五キロメートルを受け持っていた鉄道第九連隊第四大隊は、全工区のなかでも最大の難所を抱えていましたが、工事はツルハシ、ノミ、シャベルなどの道具を中心にした人海戦術。にもかかわらず、やいのやいのと急かされたものでした。実際は、鉄道ができあがる頃は、敵機が来て鉄道を爆撃したから、ほとんど使い物にならなかったのです。日本軍の退却には、役立ったかもしれませんが。

鉄道隊を指揮して戦後死刑になった弘田栄治少尉は、青年将校で軍人の鏡のような人でした。命令はもちろんするけれど、自分でも率先して仕事をやった。昼夜兼行で、休憩時間も惜しんで一人でノミをふるったそうです。軍属とは身分が雲泥の差ですが、私のところに二回ほど正装してやって来て、「(作業に出る捕虜の人数は) 何とかならないか」と言ったことがあります。陸軍将校の服は仰々しかったけれど、鉄道隊の普段の服装は予科練が着るような服でした。刑死後は大尉になったと思います。

突貫工事を進める鉄道隊からは、毎日作業人員の割当表が届きますが、病人が続出している収容所側はそれだけの人数を揃えることはできません。病人でも症状の軽そうな者を選んで作業に出さざるをえず、鉄道隊には人数が足りずとも了承してもらうしかありませんでした。

捕虜は私を「トカゲ」というあだ名で呼んでいたそうです。私は、不潔な収容所の中を少しでも清潔に保つために、所内をよく巡回しました。よく動き回るという意味から、そうあだ名したのでしょう。ずる休みをしている捕虜を見つけたこともあるし、短波受信機を隠し持っていた捕虜たちもいたそうですから、私を煙たがったのは当然かもしれません。

捕虜たちは何かというとあだ名をつけました。「狂犬」と名づけられた監視員もいたそうです。「トカゲ」というのは、決していいあだ名ではないけれど、少なくとも獰猛《どうもう》ではない。当時はそういうあだ名がついていたことなどまったく知りませんでした。戦犯裁判の起訴状で初めて、彼らがそう呼んでいたことがわかったのです。

一九四三年八月に、カンニューの工事が完了してヒントクに第三分遣所が移動し、所長の臼杵中尉もやってきました。そのときに、それまで川から離れていたヒントクの分駐所を、川べりに移しました。川べりの方が荷受けなどに何かと便利だからだと思います。人員としても余裕が出てきました。

捕虜の労務割りなども、分遣所の人がやるようになり、ダンロップ中佐との交渉も、臼杵中尉が通訳を連れてきて行うようになりました。カンニューに連絡で行く必要もなくなり、私は経理など事務的なことをやりました。少し肩の荷がおりた気がしました。

2 捕虜監視員になるまで

京城日報

大東亞戰に直接協力

米英人俘虜の監視に
半島青年、數千名採用
皇國民の誇、愈よ高し

情報課發表

朝鮮で捕虜監視員募集を伝える新聞（京城日報 1942年5月23日）

小作農の長男

どの時代も、自分が思うように生きるにはさまざまな桎梏《しっこく》がありますが、戦争ほど人生を取り返しのつかぬほど歪《ゆが》めるものはないと思います。ここで、なぜ私が捕虜監視員になったのか、生い立ちからお話ししましょう。

私は、一九二五年二月九日（旧暦）に現在の韓国の全羅南道宝城郡《チョルラナムドポソン》の山村で生まれました。日本が韓国を併合してから一五年経って生まれたことになります。日本では、「日韓併合」と言っていますが、私はその実、日本が祖国を飲み込んだ、つまり「併呑《へいどん》」であったと思っています。なぜなら日本の植民地人として、日本国に何かと協力が義務づけられていたからです。

私の父の名は、李秉均《イビョンキュン》（別名泰奉《テボン》）、母は高三叔《コサムスク》。それぞれ二二歳と二〇歳のときの、初めての子どもが私でした。

父は小作農で、学校には行っていませんが、意志が強く論理的なところがあり、行商などもして、都会の空気も少し知っている人でした。父で思い出すのは、いつも農作業にいそしんでいる姿です。田植えや草取り、稲刈り、麦の種蒔きや収穫、堆肥《たいひ》作りの草刈りなど。口数は少ないけれど、話に筋が通らないときは、黙っていられないようでした。

また、疲れた旅人をしばしば家に連れてきて休ませ、貧乏ながらも食事の接待をしていました。住まいとは別の、床と屋根を付けた夏用の離れに案内し、麦飯に冷たい井戸水をかけたお茶漬けのようなものを、母が出していました。

母は、私を「ミクルミ（可愛い子）」と呼んで、いつも頭を撫でてくれました。私の後に三歳下の弟、八歳下の妹が生まれています。

田舎では、お産のときの産婆もおらず、年老いた姑《しゅうとめ》が取り上げる原始的なやり方です。赤ん坊の死亡率も当然高く、生後一～二年経ってから出生届を出すのは普通のこと。私の戸籍は、二年後に出され、戸籍上は一九二七年の生まれになっています。

日本植民地下の少年

小さい頃は、「書堂」と呼ぶ寺子屋で漢文や書道を習いました。髪を長く伸ばして編み、お尻のところくらいにある端を赤い布で結び、トゥルマギ（外套）という上着にパジ（ズボン）をはいて通っていました。

書堂には学齢期前の子や、小学校を卒業した子が通います。郡の有力者や金持ちの子は高等小学校へ進学しますが、村では普通小学校に行く子も数えるほどしかいない。私と弟は普通小学校へ行きましたが、女の子の就学率はさらに低かったものです。

小学校は、山を一つ越えた四キロほど先にありました。伸ばしていた髪は、小学校に入るときに切られて、私は丸坊主になりました。

父もまたある日突然、それまで結っていた髷《まげ》がなくなっていて、アレッと思いました。当時、面（村）の役人が、朝鮮人が着る白い服に墨を水鉄砲でかけて黒く染めるいやがらせも起きており、そのような風潮の中で、父も髷を切ることになったのでしょう。

父も白衣を汚され憤慨していましたが、太刀《たち》打《う》ちはできなかった。役人は朝鮮人ですが、命令は日本人。駐在所の巡査も朝鮮人ですが、所長は日本人で、警察は絶対権限をもっていました。

日本語は、小学校で初めて教わりました。朝鮮全土が日本の「皇民化教育」で覆われていましたから、幼い私には違和感はあまりなく、日本語を勉強しなくてはいけないと思っていました。

あの頃は、村から日本に渡航した人が、パリッとした洋服姿で帰ってきて、ちょっとした憧れの的でした。日本に行くには、身元保証や渡航証明が必要で、誰でも行けるわけではなかったのです。教室には、日本の士官学校を出て将校になった金錫源《キムソグオン》という人物の大きな肖像画が貼ってあり、頑張ればこんなに立派になれるというお手本でもありました。

一九九六年に故郷の小学校を訪れた折、私の学籍簿が残っていたことを知りました。「朝鮮語」の科目名があるのですが、朝鮮語を使うと罰があったし、本当に教わったかどうか記憶がありません。朝鮮の文字であるハングルは、家で自然に覚えました。四年生から習う「国史」とは、もちろん日本の歴史のことで、天照大神《あまてらすおおみかみ》や神武《じんむ》天皇が登場します。

学校で朝鮮語を使って、教室の後ろに立たされたこともあったのですが、私は、使った自分が悪かったのだろうと思っていました。君が代の斉唱、宮城遥拝《きゅうじょうようはい》、神社参拝、皇国臣民の誓詞《せいし》の暗唱なども、皆がやるからやっていましたが、その意味が何かは知りませんでした。

学籍簿には、「精勤賞」「品行方正賞」「学力優秀賞」とあるので、結構真面目な子どもだったのでしょう。

父の複雑な思い

父が日本人を快く思っていないのはわかっていました。お正月に学校から紅白の餅をもらってきたら、「ネネ（日本人）の匂いがする」と、嫌な顔をしたことが思い出されます。父だけでなく大人は皆同じでした。祖母からは、秀吉の朝鮮侵略のことと、東学党《とうがくとう》の乱（農民の武装蜂起）の話なども、よく聞かされました。

日本人は裸同然で朝鮮にやって来ても、何年かすると御殿を建てていた。郡庁所在地に行くと、そういう建物がたくさんありました。

朝鮮人はいくら働いても貧乏で、父たちは、山で採ってきたどんぐりを粉にして食用にしたり、ソバ粉を主食にしているのに、日本人はぜいたくな暮らしをして、着るものも違っていました。私たちが肉を食べられるのは、年数回の法事で本家に集まり、食事が振る舞われるときくらいです。

父は、七〇〇年以上も昔の高麗《こうらい》期からの先祖の系譜を記録した族譜《チョッポ》を、とても大切にしていました。私たち一族の「本貫《ほんがん》」（根拠地）は「廣州《クワンジュ》（広州）」、いまの京畿道《キョンギド》の廣州で、「廣州李」と言います。

日本は、朝鮮人に日本風の名前を強制する「創氏改名」を一九四〇年に実施しますが、日本名になってしまっては、ゆくゆくは「本貫」がわからなくなってしまう、と、廣州李の長老会議で、一族は「廣村《ひろむら》（広村）」と名乗ることを決めました。父は小作農だったものの、先祖には国政に関与した者も多く、誇りをもっていましたが、日本名にせざるを得なくなったのです。

それと前後して、父の知人が日本の国策会社である「東洋拓殖会社」に土地を取られ、「満州」の牡丹江《ぼたんこう》の方に追いやられたそうです。私の村で土地を取られたという話は聞きませんでしたが、煙草《タバコ》の小売りの権利を取り上げて専売にしたり、工事現場でも作業監督は日本人だけでした。

田舎では農閑期になると、道路工事などに働きに行きます。家の近くに水力発電所の建設現場があり、そこで父が働いていたとき、お弁当を届けに私は母親と手をつないで行きました。母がお弁当を頭に載せて歩いていると、日本人の現場監督が「見ろ」とばかりに、こっちに向かって小便をした。子ども心に、そんな非常識なことをよくもすると腹が立って、これほど侮辱されたことはないと思いました。今でも思い出すと腹が立ちます。

日本人の家で書生として働く

小学校の卒業後は、一年間の実習学校にでも行って、駅員とか役所の事務員になりたかったのですが、家にはそのような経済的余裕はありません。当時は郡の実習学校を出れば、農業の指導員にもなれたのです。私は家を出て働きたいと思い、父の許しを得ました。

田舎では長男が農業を継ぐのは当たり前ですが、せっかく六年も学校に行ったのだからと、父も外に出してくれたのでしょう。遠い親戚のつてで港町の麗水《ヨス》に出ました。宝城《ポソン》駅から、汽車で数時間かかったと思います。

初めに造船所を紹介され、港に行ったら、魚にハエが黒くなるほどたかっていて、人が寄るとワーンという羽音とともに飛び立ち、離れるとまたたかるのです。私は山育ちですから、その汚さや魚の腐臭が我慢できませんでした。

次に製材工場に行き、そこでは一～二カ月働きました。しかし、重い材木を担ぐのは少年の体力では無理でした。その後、日本人船主の家の書生という話があり、私は日本語をもっと勉強できるのではという期待もあり、そこに行くことにしました。

主人は漁船を三隻持っていて、朝方漁から帰り、魚市場でセリ売りをする、そのときの魚の見張り役に私が行かされました。昼間は日本式の家の廊下や便所の掃除など、いろいろな小使い役です。

その家には、当時は役所でしか見かけない電話まであり、裕福な暮らしぶりでした。日本人学校の教員をしている息子や、女学生の娘もいました。奥さんは優しい人でしたが、私は「鶴《カク》さん」と呼ばれるのが嫌でした。「李」とか「広村」ならまだましですが、小僧扱いですから。

給料は月払いで直接もらい、周辺の小使いが集まる宿に寝泊まりして通いました。勉強をしたいという気持ちが抑えがたく、「早稲田講義録」を取り寄せたのもこの頃です。たぶん数学や英語もあったと思いますが、そもそも日本語の文章が難しくて理解できず、長くは続きませんでした。

まかない付きではなく、食事は自分で調達し、宿では雑魚寝《ざこね》。小僧扱いでこき使われることにもだんだん堪えられなくなり、半年ほど働き、正月休みで家に帰ったとき、どうしても戻りたくなくなりました。「悪い辞め方だ」と父に言われましたが、とうとう黙って辞めてしまいました。

郵便局での盗難事件

一九四一年の正月が過ぎて、家の仕事を手伝ったりしているうちに、今度は郵便局の仕事の話がきました。同じ村で、以前勤めていたことのある人の口利きです。

郵便局は郡庁所在地ごとにあり、家から四〇キロ離れていましたが、下宿して勤めることになりました。親としては役所に属する郵便局に入れホッとしたでしょうね。

郵便局にはいろいろな職種があり、初めは仕分けの仕事をしました。一日に扱う郵便物は、せいぜい一〇〇通くらい。仕分けられた郵便を配達するのは年長の配達夫四～五人で、郡の中を地域別で担当していました。町中の近い所は自転車で配達できますが、山坂越えて行くところは歩いて配達するのです。

事務的な仕事では、他に郵便係・電信係・庶務係と、あと電話交換の女性が二人くらいいました。局長は日本人で、課長クラスは朝鮮人でした。

何カ月かすると庶務課長から、郵便係で書留を扱う仕事をやってみないかと言われました。係の者が辞めたので代わりにということです。書留郵便は一日二〇通くらいあり、現金書留の中には北海道の炭鉱に出稼ぎに行った人からの仕送りもありました。四〇円、五〇円という大金です。それらを帳簿に記帳し、いつ届いたか、いつ配達したかをチェックするのが私の仕事です。郵便を入れた袋を汽車の時間に合わせて駅まで運んだり、駅から引き取ってくる手伝いもしました。

人生はどこで歯車が狂うか、わからないものです。郵便局に入って一年ほど経った一九四二年の二月頃に、庶務課長から呼び出しを受けました。「現金書留が一通なくなったが、どうしたのか？」私は毎日帳簿をきちんと付け、配達の手配も確かめていたので、どうしてなくなったのか、さっぱりわかりませんでした。今でも不思議です。

「このままでは警察沙汰になる」と庶務課長に言われ、驚き慌てました。当時、警察は本当に怖いところだったのです。私が責任をとる必要はなかったのでしょうが、なにぶん若かったので、とにかく何とかしなくてはと焦るばかりでした。

弁償しろと言われても金はない。親元に帰り相談したら、両親も非常に驚いて心配しました。田舎では桑《くわ》を育て、蚕《かいこ》を飼って、自分の家で織物も織りますが、タンスの奥にしまってあった母たちの汗の結晶である絹織物などを、結局、何反《なんたん》も処分してもらい、弁償しました。

戻ってもまた同じようなことがあるのではと怖くなり、せっかくの職場も退職することになったのです。

深まる戦時色

身に覚えのない事件で郵便局を辞めた後にきたのが、私の人生を大きく変えてしまった、「捕虜監視員」の仕事でした。

「面事務所（村役場）に、南方の捕虜監視員の仕事がきている。月給五〇円の二年契約だそうだ。俺も行くからお前も行かないか」と、二年年上の先輩の人が誘いにきました。一九四二年五月のことです。私は一七歳になっていました。すでに青年団や消防団で呼び出されていたし、いずれどこかに行かなくてはならないだろうと思っていました。時節柄、家でのんびりしていられる空気ではないのです。

消防団は単なる「火消し」ではなく「自警団」のようなもので、一定の年齢になると自動的に入らされます。青年団や消防団は、朝鮮に昔からあったものではなく、戦争体制になってから出来たように思います。定期的な集まりではないけれど、時々呼び出しがあり、出ないと、どうして出なかったか、と詰問《きつもん》されます。集合場所の学校や面事務所の広場には、呼び出しを受けた一〇人くらいが集まり、警察署長から時局の話がありました。軍歌はそういう場に付きものでした。

世の中は戦時色一色で、真鍮《しんちゅう》の食器や箸などは皆供出させられていました。私が捕虜監視員のことで声をかけられたのとちょうど同じ頃、朝鮮に徴兵制が敷かれることが決まりました。私は、戸籍上年齢に達していませんでしたが、おそらく翌年くらいには徴兵されるだろうと予想していました。

また、少しさかのぼりますが、私が一五歳の頃、隣の家の同級生が北海道の炭鉱に強制連行されました。なぜかその家の人は、本当は私を連行にきたのに、私がいなかったから自分たちの息子が身代わりになったと恨んでいて、両家の間で反目しあう時期がありました。本当のところはわかりません。当時は炭鉱に出稼ぎに行くときは、近所にわからないようにひっそりと出かけたものです。「満州」の牡丹江や北海道の炭鉱のイメージは暗く、私自身は金にはなっても嫌だなと思っていました。

学校の先輩で「志願兵」になった人に対しては、村中が大変な歓迎ぶりでした。警察の巡査も、小学校校長も、尊敬の態度で接していました。志願兵になるのはかなり優秀な人たちでしたから、そういうのを見ると私も魅かれるものがありました。志願兵は国内を転々として訓練を重ねていたのでしょうが、村に帰ってくると丘の上でラッパを吹き鳴らしていました。

ただ、村人は恐らく本心から歓迎したわけではなく、当時の政策に従ったのだと思います。動員をかけられているし、言うことを聞かなければ睨《にら》まれます。朝鮮が日本の植民地にされて、すでに三〇年が経っていましたから、そうするのは当然だと思う人もいたかもしれません。できることなら少しはマシな生活をしたいという気持ちで、時勢に流される人がほとんどでした。

捕虜監視員へ

日本は一九四一年一二月八日のマレー半島上陸を機として、東南アジア一帯で、大量の連合国捕虜を抱えていました。その対応に苦慮し、朝鮮全土で約三〇〇〇名の「俘虜監視員」を募集したのです。日本軍の管理する捕虜は、正式には「俘虜」と呼ばれていました。その監視員募集の背景を、当時の私が知るはずもありません。以下では、現在一般的な「捕虜」という言葉を用いますが、捕虜監視員とは、道路工事の監督のようなものだろうと、私は想像していたのです。

募集には二〇〜三五歳という年齢制限がありました。私はまだ一七歳でしたが、面事務所から試験を受けるよう言われました。郡・面ごとに、人数の割り当てがきていたのです。役所に言われれば断るのは非常に難しい時勢。実質的には強制徴用といえました。

父に話をしたら、気は進まないようでしたが、結局、「二年間の契約だし、兵役も免除されるなら、どうせどこかに行かなければいけないのだから、仕方がないだろう」ということになりました。募集に応じれば厚遇するという話に、私は、勉強する時間もあるのでは、と考えました。

郡庁で七〇〜八〇人が受験しましたが、背広姿の人が多くて驚いたのを覚えています。簡単な筆記試験と口頭試問をやって、大体三〇人が合格です。私は受かると思っていなかったので、合格したときは悪い気はしませんでした。

私の面で合格者は二人いて、もう一人は南方での勤務地は私とは別でした。戦後、その人は故郷に帰ってきたと人づてに聞きました。

家族との別れ

合格した三〇〇〇名は、釜山にあった「野口部隊」で訓練を受けます。「釜山西面臨時教育隊」の隊長が野口《のぐち》譲《ゆずる》中佐だったため、そう呼ばれていました。

入隊のため、いざ家族と別れるという段になっても、私はまだ年少だったからか、「ちょっと行ってくるか」くらいの軽い気持ちでした。

祖母は私の手を握って、「もう会えないかもしれない」と泣き泣き見送ってくれました。母は「体に気をつけなさいよ」と言ってくれました。私がもっと歳がいっていたら、深刻さを理解したのでしょうが。

父は郡庁に見送りに来てくれ、宿で一晩一緒に過ごしました。もともと口数が少ない人ですし、このときも特に話をしたわけではありません。ただ、父にしてみれば、大勢の中から選ばれたにせよ、息子を日本軍に出さなければならないのは複雑な心境だったと思います。捕虜監視員は「軍属」という身分で、最末端ではあれ、日本軍に組み入れられていたのです。

野口部隊に入隊

大勢の地元の人の歓呼の声、日の丸の旗に送り出され、一九四二年の六月一五日に、野口部隊に入隊しました。閲兵式《えっぺいしき》では、総督府の田中武雄《たなかたけお》政務総監が、「立派な国民として戦ってこい」という内容の訓示をし、私たちは「上官の命令には絶対服従する」という宣誓をやらされました。正確には三二二四名が入隊したそうです。

宝城《ボソン》郡からは三〇名ほどが来ており、なかには顔見知りの先輩もいましたが、とても声をかけたりはできません。いろいろな階層・職種の人たちで構成された、成熟したそうそうたる顔ぶれの中で、満一七歳の私は最年少でした。

閲兵式のあと、各小隊に編成されました。小隊長は大尉か中尉で、これらの将校・下士官は皆日本人です。一小隊は三分隊で構成し、三〇人の分隊には軍曹《ぐんそう》か伍長《ごちょう》が一人と上等兵三人が付きました。毎日、「戦陣訓《せんじんくん》」「軍人勅諭《ぐんじんちょくゆ》」「軍属読法《ぐんぞくどくほう》」を言わされ、あとは野戦訓練ばかり。徹底的に軍人精神がたたき込まれました。仕事は「監視員」とのことだったのに、捕虜の風俗・習慣などはまったく教えられず、軍事訓練ばかりなのには驚きました。

「戦陣訓」は、一九四一年に東条英機《とうじょうひでき》陸軍大臣が示達した軍人の心得です。その有名な文句に「生キテ虜囚《りょしゅう》ノ辱《はずかし》メヲ受ケズ、死シテ罪禍《ざいか》ノ汚名ヲ残スコトナカレ」という部分があります。日本軍は捕虜になることを恥ずべきこととし、捕虜になるくらいなら自決しろという教えでした。したがって、日本の軍隊が敵の捕虜の処遇など考える必要もないし、こちらの都合で管理すればいいという方針です。捕虜の人道的取扱いを定めた「ジュネーブ条約」があることなど、当然ながらまったく教えられませんでした。

「軍人勅諭」「戦陣訓」は早く覚えることが要求されましたが、私は書堂時代から暗記には慣れていたため、覚えることは苦になりませんでした。早く覚えると点数も上がりました。軍事訓練の評価で昇級にも差が付いていくのです。

しかし、毎日殴られない日はありません。「声が小さい」「姿勢が悪い」と言ってはビンタ、「編み上げ靴の手入れが悪い」「銃の手入れが悪い」と言ってはビンタ、そして「立派な日本人にしてやる」という理由でもビンタです。

一番嫌だったのが、「対向ビンタ」です。お互いが向き合ってビンタを張り合うのです。お互いに何の憎しみもないわけですから、誰も本気で殴りたくはない。しかし、そばで上等兵が見ていて、「そんなふうに殴るんじゃない」と言って、力任せに殴ってみせるのです。やむなく、何の憎しみもないはずなのに、頬が腫れ上がるほど殴り合うことになります。本当に嫌でした。

長時間「捧《ささ》げ銃《づつ》」の姿勢をとらされたり、靴を舐《な》めさせられたりもしました。「上官の命令は絶対だ」と思い知らせ、善し悪しを考えるなということでしょう。「言うことを聞かない奴だ」「憎たらしいこの朝鮮人め」という調子で、ビンタも力任せでした。軍隊では伝書鳩は大事にされましたが、われわれは伝書鳩以下だと言われていました。

仲間の間では、「戦地に行けばみていろ、後ろから撃ち殺してやるんだ」という話も出るほどでした。戦場に行けば事情も違い、上官もあまりひどいことはできないからです。なかには苦痛に耐えられず、精神に異常をきたした人もあり、脱走を計画した話を聞いたこともありました。でも、脱走すれば家族が大変なことになります。私は逃げだしたいと思うより、「入るからにはやり遂げよう」と思っていました。いい意味でも悪い意味でも、真面目だったのです。

軍隊生活の中で

野口部隊では結局二カ月間、軍事訓練を受けました。野戦での銃の撃ち方や歩行訓練などが主でしたが、実弾訓練はしていません。銃剣術の訓練は木銃でやりましたが、現地ではもちろん銃剣でした。

収容所に敵が攻めてきたときを想定して訓練をし、時々街中を行進しました。正装の軍服を着た三個中隊の行進です。今思うと、訓練だけでなく、街の人に対するデモンストレーションの意味もあったのでしょう。「勝ってくるぞと勇ましく」などの軍歌を歌いながら行進しました。愛国行進曲もやりました。朝鮮国内にも、南方から連れてきた白人の捕虜収容所があったようですが、教育期間中に連れていかれたことはありません。

入隊したときは、他の人が皆年上で立派に見えたけれど、軍隊生活の中で戦陣訓の覚え方などで評価されてから、年の差は感じなくなりました。日本の軍隊は階級が厳然としていて、年齢は問題ではありませんでした。「先任者」というのは成績が優秀な人を指して言われ、それが昇級にも仕事につくときにもついて回り、上官からも重きを置かれます。ある意味では、野口部隊の教育が成功したと言えるのでしょう。私に染みついた朝鮮の風習や考え方が、軍隊で幾分変わったのですから。

私は不安と気負いをないまぜにして、捕虜監視員として戦争の時代を生きようと一歩を踏み出したのでした。

3 敗戦、逆転する立場

著者が死刑囚として過ごしたシンガポールのチャンギー刑務所（写真：鈴木晶）

泰緬鉄道完成後

一九四三年一〇月一七日、泰緬鉄道は、捕虜と現地労務者とを合わせ、四万五〇〇〇人といわれる犠牲の上に完成し、開通式はタイ側のコンコイターで一〇月二五日に行われました。

完成時点での第三分遣所の捕虜の人数は、七〇〇〜八〇〇名くらいだったと、ダンロップ中佐の日記にはあります。私の記憶では五〇〇名くらいに思っていましたが、後からカンニュー分遣所の捕虜が合流しているので、その人数になっているのかもしれません。

工事が終わるとわれわれはしばらく鉄道の保守作業をやり、翌年になってからノンプラドックから三九キロメートル地点のターモアン分遣所本部に移動しました。捕虜も一緒です。戦況については、インパール作戦が失敗したらしいということも、私は全然知りませんでした。鉄道が爆撃されたりするようになって、何となく不利な状況にあるとは感じていましたが、負けるなど考えたこともなかった。

ターモアンに来たときには、頭の上に敵機が飛んできて、機銃掃射《きじゅうそうしゃ》にあいました。音はものすごくしますが、あれはそれほど当たらないものです。仕事としては、電線の補修などもやりました。ターモアンはジャングルではなく街ですから、道路に電信柱があって、電線に枝が引っかかった箇所などを、自転車で補修してまわりました。街の中には、慰安所もありました。

ジャングルの中の慰安所

軽便鉄道がノンプラドックとの間を往来するようになると、ヒントクから近いキンサイヨーク収容所付近にも、慰安所が開設されました。現地女性、日本人女性がいる二種類があり、日本人のは将校用です。昼間は食堂の店員で、夜になると相手をする女性たちがいて、監視下に置かれ逃げようもないから、部隊の後方に付いて行動を共にしていたようです。

軍や日本政府は、慰安婦はそれを生業としていた人だと言いますが、そんなことはありません。私の友人は慰安所で朝鮮人の娘さんに会い、身の上話を聞いて一緒に泣いて帰ってきたと言っていました。私が故郷にいるときにはそんな話は聞いたことはなかったけれど、無理やり連れて来られた女性たちなのだろうと想像しました。

兵隊が慰安所に行くのは、明日はどこかで死ぬかもしれないという心情的な面もあります。私も臼杵中尉と出張したとき、「行ってこい」と言われ、行ったことがあります。私にとっては初めての体験であり、相手は現地の女性でした。非番には「公用外出」の腕章を付けて外出するのが普通でした。捕虜監視員は兵隊より給料が多かったので、羽振りもよかったのです。留守宅送金分を天引きされ、一〇〜二〇円が手元に残ったと思います。送金額は軍で勝手に決めるので、実際にいくら送金されたのかわかりませんが、戦後父に聞いたら、何回か送金はあったそうです。

軍属の反乱で険悪に

一九四四年六月も過ぎ、初めの契約期限の二年が経っても帰してくれないし、朝鮮人軍属の間には不満が高まっていました。一九四四年七月のサイパン陥落で戦況はいっそう不利になり、帰還が絶望的になったのを知ると、各地で事件が起きました。

タイのどこかで捕虜と逃亡した朝鮮人軍属が出たとの噂も伝わってきました。ターモアンにいた頃に、一九四五年一月のジャワの高麗独立青年党のことを聞いて驚きました。朝鮮人軍属が日本軍の上官に対し叛乱を起こし、撃ち合いまでしたというのです。

そんなことがあって、朝鮮人に信頼が置けなくなったということでしょう。各部隊に憲兵隊が配属され、持っていた銃も引き上げられました。所内を巡回する衛兵も、それまではわれわれ軍属が行っていたのに、他の部隊の日本人を呼んでやるようになり、同じ場所に立って監視する歩哨《ほしょう》だけわれわれが交代で勤務した時期があります。

日本人上官ともなんとなくしっくりいかなくなりました。何かにつけて、「朝鮮人の軍属のくせに」と侮蔑するのです。捕虜と何か話しているところを見ると怒られ、怪しまれました。そのせいもあって、外出中の、日本の兵隊と朝鮮人軍属との間にも、しょっちゅうトラブルがありました。酒が入ると、平素の不満が爆発するのです。

ターモアンの後に短い間だけ移ったバンコク寄りのサラブリは、水が牛乳のように真っ白に濁っていたことを覚えています。そこは山岳地帯で日本軍の高射砲陣地があり、何かあったら口封じのために、捕虜もろともわれわれ朝鮮人軍属を皆殺しにするんだという噂が流れていました。捕虜はターモアンまで一緒でしたが、サラブリで少し分かれたと思います。

バンコクで敗戦を迎える

一九四五年四月頃に、私は同僚と分かれて、タイ俘虜収容所の本所があるバンコクに派遣されました。バンコクの本所で「雇員《こいん》」になったのです。日本軍は朝鮮人軍属の不満をなんとかなだめようと、わずかながら雇員制度を設けました。雇員は判任官待遇で、軍属傭人の中の「成績の良い者」が雇員に昇格するというのです。私が雇員になった理由はわかりませんが、生真面目だったから、信頼がおけると見られたのでしょうか。

第一次と第二次の雇員採用があって、私は第二次のときに採用されました。第一次では六名、第二次はその倍くらいの人数がなったと思います。とはいえ、軍の階級の末端であることに変わりありません。

それでも雇員になれたということは、悪い気がしませんでした。記章も赤い星のほかに流れ星の胸章をつけるのです。バンコクの宿舎は鉄筋コンクリートで、部屋も区切りのある個室になりました。

本所には一〇名くらいの雇員がいて、所内の警備と各分所との連絡業務にあたりました。

本所にはもともと捕虜はいません。バンコクにいたときには空襲もありませんでした。

日本の敗戦は、バンコクでその翌日に知りました。それまで雇員同士で戦況について話をすることもなかったので、聞いたときはびっくりしました。雇員になった人は、自分で言うのもなんですが、どちらかというと頭がゴチゴチの忠誠心旺盛な人たちばかりだから、皆が知っていたことも案外知らなかったのかもしれないです。本部にいる人は、余計そういう傾向があったようです。

私には、こんなにも早く負けたのかという感じがありました。残念というのとは違うけれど、複雑な感情です。ただ、日本が負けたということは、自分の国が独立するということだから、それはうれしかったですね。植民地から解放されると思ったし、何はともあれ一日も早く国に帰りたい、帰って親孝行をしたいという気持ちが一番強かったです。故郷を出てから三年二カ月が経っていました。私の帰国を待ちわびる父や母、弟妹の顔を何度も思い浮かべたものでした。

祖国解放の喜び

日本の敗戦による、軍隊の除隊手続きなどという正式なものはありませんでした。バンコクの本所で、日本人将校から日本が負けたことを告げられたはずですが、どんな言葉だったか、まったく覚えていません。多分、「諸君は自由除隊だ」とか言ったのでしょう。どこにでも適当に行ってくれということではなかったでしょうか。本所にはもともと兵士はおらず、下士官や将校たちは気力をなくし呆然としていました。

その後一週間くらい本所にいる間に、他の分遣所からも朝鮮人の軍属が集まってきて、二十数名になりました。一日も早く日本軍から離れたいけれど、行くところがないし生活をどうしようか、という相談です。

私はそのとき二〇歳で、仲間うちでは依然最年少。世話役は年輩の人がやってくれました。われわれのうち十数人はバンコクのお寺の境内を利用させてもらい、他は野球場の観客席などで、三々五々、帰国できる日を待っていました。

当時、東南アジアの各地で、朝鮮人軍属たちが集結してキャンプを組織していたらしく、バンコクでも「高麗人会《こうらいじんかい》」のキャンプが作られていたのは知っていました。いずれわれわれも合流する予定だったのだと思います。タイではバンコク以外の場所でも、出身地方ごとに朝鮮人軍属が集まっていたようです。

私たちは、境内の屋根のあるところで寝て、炊事場を自分たちで作って食事をまかないました。また、華僑の人たちが非常によく助けてくれました。「中国と高麗は昔から兄弟国だ」と言って、手を握ってきたりしたものです。見も知らぬ人がトラックで野菜を運んでくれたりもしました。本当にあのときの恩義は忘れません。

仲間は町を出歩いたりしていましたが、私はあまり外出しませんでした。すぐ帰れると思ったので、家族に手紙を書こうという気も起きなかった。そのときは日本人が憎らしいとか、軍隊が憎らしいとかの考えもなくて、とにかく早く帰りたいという気持ちだけでした。当時作った下手な詩が古い資料の間から出てきたのですが、祖国の解放を詠んでいます（下に日本語訳も付けます）。

解放의 기쁨
厳冬에 잠든 나무
暖春을 마저오니
枝々에 피는 꽃은
香気가 満溢하여
蜂蝶을 불러들이고
行人을 멈추더라

解放の喜び
厳しい寒い冬に眠っていた木が
暖かい春を迎え
枝々に咲く花の
香りが満ち溢れて
蜂や蝶を呼び寄せ
道行く人を立ち止まらせる

（一九四五年八月）

自分の国が解放されたという実感が、やっと湧いてきたのでしょうね。

元捕虜と朝鮮人軍属

一九四五年七月にポツダム宣言が出されたことは知りませんでしたが、「連合軍捕虜を虐待した者は厳罰に処す」という方針は、連合軍のラジオ放送で聞いていました。しかし、捕虜監視員の仲間も私も、自分たちが「虐待した」という認識はなかったので、他人事のように聞いて心配しませんでした。敗戦時に俘虜収容所長名で「俘虜虐待の覚えがある者は早く身を隠せ」という命令が出されたそうですが、われわれ軍属には知らされていません。

連合国の元捕虜は監禁生活から解放されて、バンコクの町で好き放題をやっていました。酒を飲んで練り歩き、一般日本人に対する暴行はもちろん、無銭飲食したり、現地住民の婦女子を辱めたりという具合です。また、われわれと偶然出会ったときなど、いろいろな因縁をつけて暴行し、その上着物まで奪い、パンツ一枚で帰ってきた友達もいました。だから、タイ人の連合国捕虜に対する反感は強く、その反面日本人には同情的に見えました。

お寺の生活が一カ月半くらい続いた頃、「九月二八日の夕方までに高麗人会に集合すること。集合しない者は処罰する」という連合軍の命令が伝達されました。朝鮮出身者の集まりである高麗人会から、各地に連絡したのでしょう。世話役から移動すると聞いたときも、別に不安は感じなかったのですが、高麗人会に着いたら周囲に自動小銃を構えた連合軍の衛兵がいて、物々しい警戒ぶりにびっくりしました。

翌日、「クビジッケン」（首実検）するというのを聞いて、少し緊張しました。戦争裁判のため、容疑者を元捕虜が見つけ出そうという場です。

ただ、それでも私はさほど心配しませんでした。船待ちの間に仲間から、第一次大戦でのドイツ戦犯も二～三カ月の拘留だったとか、せいぜい五～六カ月くらいだという説を聞いていたし、堂々と罰を受けたほうがよいくらいに思っていました。

逮捕され刑務所に

翌朝になると、イギリス（英）・オーストラリア（豪）・オランダ（蘭）の元捕虜が三〇名ばかり来て、英豪蘭の順序で「首実検場」が六カ所設けられました。厳重な警戒のなか、われわれは一列縦隊で進み、首実検が始まりました。この六カ所を無事通り抜けねばならないのです。一カ所四～五名ずつ配置された元捕虜たちは、「この野郎！　ざまを見ろ」と野次を飛ばし、偉そうな態度でした。

その日は約五〇名がひっかかり、私もその中に入れられてしまいました。

われわれは身のまわりの荷物を持ち、友だちに話をするひまもなく追い立てられ、トラックに分乗させられました。二十数名が乗った車上では、二名の英国の監視兵に脅迫され、財布や時計や万年筆までほとんど取られてしまいました。しかしそんなことは問題ではありません。われわれを銃殺するために、どこかに連行するのではないかという不安感に襲われたのです。

車は、両側にヤシの茂る道路を約一時間ばかり走り、着いたところはバンコク郊外の「バンワン刑務所」でした。

初めての監獄暮らし

この刑務所の設備は悪くて、便器はひどく臭いました。食事は日に二食で、ごくわずかな量。腹が減ってフラフラなのに、毎日軍隊式の強制体操で腕立て伏せなどをやらされ、その後は草取りをさせられました。

たまにインド人の兵士が内緒で差し入れをしてくれたこともあります。彼らはわれわれに同情的だったのです。ときどき炊事用の薪を採りに外部のジャングルに出ましたが、監視は比較的ルーズで逃げようと思えば簡単でした。

しかし、私自身取り調べを受けたことはなく、取り調べを受けて帰った人の話もごく楽観的でした。だから逃げ隠れするよりも、辛抱して自由の身になった方がよいと思っていました。

年が明けて一九四六年の正月には、番兵に新年の挨拶をすると断って、刑務所の建物の入口近くに朝鮮人の仲間たちと集まり、皆で「愛国歌」を歌いました。祖国が解放されて独立したという意気込みに燃えていたのです。私は、「愛国歌」を軍隊に入るまで知りませんでした。タイに来てから、仲間がそっと口ずさんでいたのを聴いて覚えたのです。このときは目頭が熱くなるような厳粛な気持ちがしました。戦後になって、やっと公然と皆で歌えるようになったわけですから。

地獄のチャンギー刑務所へ

三月初旬から時々、数人ごとにまとめて空路でシンガポールへ送られるようになりました。私は四月下旬に、二〇〇人くらいと一緒に海路でシンガポールに送られ、さらにトラックでチャンギー刑務所に運ばれました。一〇メートルはありそうな高い壁に囲まれ、入口は大きな厚い鉄の扉で、何とも言えぬ圧迫感がありました。それをくぐると、コンクリート三階建の立派な、しかし威圧的な外観の建物が現れました。捕虜を監視する立場から、自分自身が囚われの身に。立場が逆転し、それからの体験は、私には「地上の地獄」と感じられました。

まず最初に厳重な私物検査が行われ、目ぼしいものは皆取り上げられ、背中に番号の付いた囚人服を着せられました。当時の番兵は元捕虜のオランダ兵でした。元捕虜の中で元気がある者が選ばれたのか、あるいは志願して「やり返してやる」という気で来た者なのかわかりません。

その次が白バンドをしたイギリス兵の「白バンド時代」、それから落下傘部隊のイギリス兵が赤いベレー帽だったので「赤帽」と呼んだ時代が続きます。

食事は、朝七時にビスケット三枚と三分の一（時には二枚と五分の一）。それに、色が付いただけのお茶が一杯。午後二時に、皆が「ドロンコ」と呼んでいたトウモロコシの粉（小さじ三匙ほど）か、タピオカ粉を薄く溶かした水みたいなものがコップ二杯ほどでした。殺さぬ程度にカロリー計算されていたそうです。ビスケットの量を少しずつ増やした後で、だんだん減らすとか、常に飢餓感にさいなまれるようにイギリスは管理していました。われわれは溝に落ちた残飯や茶殻まですくって食べたりしました。みんな、腹一杯食べられれば死んでもいいと思っていて、先のことなど考えられない状態でした。

なかには、「喉が乾いたか」と聞いてきて、「乾いた」と言えば、水道の蛇口に口をつけさせて蛙の腹のようになるまで水を飲ませ、「いやだ」と言えば殴打する者がいる。またある者は、「空腹か」と聞き、「そうだ」と答えると、「ドロンコ」をどっさり持って来て食わせ、「いやだ」と言えばそこでまた殴打するのです。

私は団体処罰を除いては、集合が遅かったといってバケツ一つを番兵付きで午前中の間、磨かされたことがあるだけです。捕虜監視員をしていたことが彼らに知られなかったのは、本当に運がよかったのです。運悪く彼らにひっかかったが最後、番兵がそのことを申し送って、毎日毎日暴行が加えられました。こんな虐待の中にいても、寝ても覚めても食物の話ばかり。しかしその話も長続きはしません。話をする力もなくなるからです。この虐待は「白バンド」から「赤帽」時代になるにつれて、さらにひどくなっていきました。

戦犯裁判の始まり

一九四六年一月から英国関係の裁判は始まっていたようでした。住民対策として、裁判や処刑の様子を地元の新聞に掲載したり、現地の人にも絞首刑を見せたりしたそうです。収容所関係の裁判の多くは、市内に作られた一〇カ所の、傍聴人もほとんどいない法廷で行われました。九月頃になると裁判も軌道にのり、裁判のためにお互いを接触させず独房に監禁される者が多くなってきました。独房に移った仲間に対する番兵の暴行は、ますます激しくなっていました。

こういう環境の中でわれわれは取り調べを受け、自分の証言とはかなり違う書類に署名を求められたり、なかには白紙に署名を求められた人もいました。署名を強要されるうち、どちらでもよいから早く片づけてくれという厭世感から、署名してしまった人が多くいたそうです。

われわれには法廷での唯一の自己証言でさえ認められず、また起訴事実に対する反証さえほとんど許されませんでした。そもそも言葉の点で不利だから、抗弁したくてもできません。スピード裁判で、一審即決。上告審がなかったので、死刑判決の一週間後か長くて三カ月くらいで処刑されました。裁判に付されれば、誰もが死刑を覚悟しなければならなかったのです。

それに加えて、下級者の苦悩には、合同裁判における旧上官との闘争があります。上官が下級者に責任を転嫁することがあり、われわれ朝鮮人の場合は特にひどかった。苦労を知らない旧上官たちは、食事のことでも、裁判のときでも醜態を演じて、実にみじめなものでした。逆境に陥ったときこそ人の真価がよくわかる。ああいう人たちがよくも部下を指揮したものだと思いました。その上われわれは、弁護士の民族的偏見や軍隊の階級による先入観にも直面し、二重にも三重にもハンディキャップを抱えていました。

取り調べと起訴

私はたった一回取り調べを受けました。その内容は、調査官が「捕虜の患者が多く死亡したというが、そのことを知っているか」と尋ね、私は「知らない」と。「鉄道隊の兵隊が捕虜を殴打して死んだのは知っているか」「そんなことはない」というやりとり、続いて臼杵中尉との関係を聞かれ、「分遣所長であり、私の上官である」と答えました。こんな簡単な取り調べのあと、私は特別監視のため独房に移されました。起訴される前から入れられるのです。

私は独房は初めてで、孤独感を味わいました。まったくの監禁生活で、人との接触は独房組の運動場だけです。一〇坪くらいの狭い場所で、人は入れ替わるけれど四～五名はいつもいて、話をすることはできました。日除けも雨除けもないところに、照っても降っても出されっぱなしで、時間にならなければ中に入れてくれません。昼間外に出すのは刑務所の規則だったのでしょう。

取り調べから一週間ほど経った九月二五日に、オーストラリアの連絡将校が起訴状を持っ

できました。それにはオーストラリア人捕虜四名が名を連ねていましたが、知らない名前でした。起訴状の内容は三点で、
一、ヒラムラは、ヒントク収容所長でキャンプコマンダー（管理将校）であった。所内の設備は不備、給与、被服、医薬は不足していた。
二、部下の統御が悪く、部下の暴行を阻止しなかった。
三、患者を就労させた。
というものです。いずれも、一九四三年三月から八月までのヒントク分駐所での出来事が対象です。ヒラムラというのは、私の日本名ヒロムラをなまって発音したのでしょう。「管理将校」というのは明らかに向こうの勘違いです。兵士と軍属の見分けはつかなかったにしても、将校とは襟章《えりしょう》からして違います。自分は軍属であり、将校でもなければそういう権限もなかったと、私は起訴状の内容を否認しました。

連絡将校はその日は起訴状を持って帰りましたが、三日後に同じ起訴状を持ってやってきました。そして、「お前がこの起訴状を受けても受けなくても、この起訴状によって裁判をする」と言いました。

臼杵中尉の伝言

起訴状を受けてからの監禁生活は、実に辛いものでした。裁判はいつ始まるかわからない

し、日本人の弁護士とも一回会っただけで何の打ち合わせもありません。見捨てられたような不安と、孤独感に襲われました。

番兵は、毎晩独房にきて私物検査をします。ちょうど寝ている時間で、眠らせないようにする嫌がらせです。番兵は自分たちも眠いから眠気覚ましにやるのです。彼らの機嫌いかんによっては殴られます。まして、起訴状を隠し持っていて内容が漏れたら、「この野郎、仲間にこんなことをやったんだな」と殴られ、極端な場合、「裁判の前に殺してしまえ」ということにもなるのです。それで皆、起訴状を受け取ると必死に隠すか処分します。

起訴状は英語ですから、その場では何が書いてあるかわからず、後で日本人の英語のできる人に見てもらって内容を知るのです。刑務所では聖書はわりと気楽に持たせていましたから、私はその内容を聖書の余白に書き留めました。

そんなとき、日本人の食事当番から連絡を受けました。戦犯容疑者として同じチャンギー刑務所にいた臼杵《うすき》中尉が、私が起訴されたことを聞いて、自ら私の証人を引き受けてくれるというのです。

「広村には何の責任もない。責任は私にある。心配するな、しっかり頑張ってくれ」という臼杵中尉からの伝言に、私は涙が出るほど感激し、心強く思いました。普通は自分に都合の悪いことは避けたいと思うのが人情なのに、自分のことは置いて私のために証言してくれるというのですから。

このときはまだ、臼杵中尉の刑はまだ確定していませんでした。私自身には、臼杵さんに対して何もしてあげられなかった悔いが残りました。あのときは自分のことで精一杯で、後に彼が死刑囚になったときに面会にも行かなかった。少し時間はかかるけれど、申請すれば面会はできたのです。私がチャンギーにいる間に、彼は死刑囚用のPホールに数カ月間いました。

チャンギー刑務所でも、日本人と朝鮮人とは別棟に分けられましたが、知っている日本人をたまに見かけることはありました。そういうときは、お互い大変だなと思っても、「あいつら日本人のせいで」というふうには考えませんでした。朝鮮人の軍属仲間と日本人との間に、多少トラブルがあったことは事実ですが、戦争が終わったばかりですから、無理もないでしょう。一人一人に恨みを晴らしても仕方ないと思って、私自身は関わりませんでした。

なぜ起訴状は却下されたのか

一日二食の貧しい食事で、いつも飢餓感にさいなまれました。虐待も絶えませんでしたが、皆は虐待にも裁判にも大分馴れてきました。弁当持ちで裁判に行く人たちは、裁判はどうでもよくて、弁当を食べるのが楽しみだと言っていました。死刑囚と長期刑囚の人数は、日を追って増えていきました。

私には、一〇月二四日に呼び出しがありました。弁護士が来たか、あるいは一カ月も経つのだから明日から裁判になるのかもしれないと思い、事務所に行きました。ところが、意外にも「起訴状が却下された」という伝達で、その日から独房監禁は解除されました。

しかし、起訴状が却下されても一つも嬉しくないのです。どうしてあれだけの起訴状を出しておいて、一カ月も経ってから却下になるのか？　疑問と先行きの不安でいっぱいでした。起訴状が却下されるのはそんなにあることではありません。例外的なことなのです。

独房から雑居房に移されましたが、仲間から「よかったね」という言葉はありませんでした。うらやむ気持ちはあったかもしれませんが、自分たちも裁判を控えてそれどころではないのです。

つかの間の夢

不安を抱えながら、ひたすら釈放の日を待って、やっと一九四六年一二月二四日に釈放になりました。

「やっと復員できる！」

私は車に乗せられ、復員船を待つジュロン・キャンプに向かいました。ジュロン・キャンプは、シンガポール島西端の小高い山のようなところにありました。その頃は、日本人の引揚げはほとんど終わっていて、キャンプにはチャンギー刑務所から釈放された者やマレー半島やジャワなどから移動してきた日本人が集まっていました。少し前までは別な場所に朝鮮人のキャンプがあったのですが、私が釈放されたときはもうなくなっていたのです。

ここの設備も悪く、熱地用天幕を張って七～八名が同居しました。食事も非常に悪かったけれど、刑務所から出た者にだけはときたま特別に棗羊羹《なつめようかん》を配給してくれました。

刑務所から出たというだけで気晴らしになっていたのは、最初の二、三日の間だけ。戦犯容疑者を迎えに、毎日毎日刑務所からジープが来ていたので、私も再逮捕されるのではないかと心配で仕方ありませんでした。いつもイギリス兵が私を尾行しているような気がしました。それに、乗船日は延び延びになっていて、決まったのはようやく年明けの一九四七年一月七日でした。

一日千秋の思いで待ったその日が来て、復員船に乗船して安堵の胸をなでおろし、いよいよ帰るんだと思いました。船は炭荷船をちょっと改造したもので、船内は狭くて風通しも悪く、われわれはモヤシみたいにきっちり詰め込まれました。船内での食事は一日三食ですが、空腹をしのぐ程度で、お茶もろくに飲めません。こういう中でも「目玉の青い奴」がいないのと、家に帰れる喜びで、皆は不満も見せずよく語り合いました。狭苦しい中でも麻雀や囲碁やトランプに夢中でした。

サイゴン沖合のサンジャック岬を過ぎると、少し冷気を感じはじめ、一月一九日に石炭や水を積載するために香港に寄港しました。船上から眺める香港は、山の麓から山頂までマッチ箱を伏せたような景色で、いたるところに道路が通じて一見別荘地を思わせました。そして、夜景は実にきれいでした。

香港で再逮捕

翌々日の昼食が済んで、食器を洗って帰ると、イギリス軍将校が召喚状を持って三名の日本人を迎えにきたという話がありました。その中にはコリアンガード（朝鮮人監視員）の〝ヒラムラ〟という名前があるというのです。

連絡係がやってきて、実に気の毒そうに、「指揮官（復員者の中で選出）は、「ヒラムラという名前の人はこの船には乗っていない」と頑張ったが、英軍将校は「それではその名前に一番近い名前の人を出せ。もし人違いであればこの船が出航する前に帰してやる」と言っている」とのこと。二度と見たくないあの地獄にまた行かねばならないのか、なんと不運な奴だと己の運命を呪い、いっそ投身自殺でもしてしまおうかという考えがちらっと頭をかすめました。

しかし、待てと内心止めるものがあって実行できません。私の行くところはチャンギー以外にはない、あの却下された起訴状が来るに違いないと観念しました。

すぐにシンガポールに戻されると思ったので、軍服の着替えを友人に分け与え、夏用の簡単な身支度をして事務室に急ぎました。呼び出された三名を乗せた水上艇は、香港市街に向けて海面を滑り出しました。友人や復員する船上の人々は、いつまでも手を振ってわれわれを見送っていました。

香港の街はきれいなイメージですが、埠頭《ふとう》はとても汚かった。上陸すると、待っていた三名のイギリス兵に急かされトラックに乗りました。山の頂上まで通じる曲がりくねった道路の、両側の小松を久しぶりで見て、寒さにいくらか震えながらの、約三〇分のドライブでした。その山の裏側に、スタンレー刑務所がありました。

一方は奇岩怪岩に囲まれ、一方は紺碧の静かな海に面した景色のよい場所でした。山をくり抜いて頑丈な鉄の正門があり、周囲は高さ一〇メートルくらいのコンクリートの塀の上にはガラスの破片を細かく植えこんでいます。塀の内側には鉄網と垣根の二重の柵があり、四隅には機関銃座と探照灯を取りつけた望楼もありました。広大な敷地に、鉄筋レンガ貼りの三階建の建物が並んでいました。当時はこの刑務所は民政で、一画を日本人戦犯用に使用して〝白バンド〟が警戒にあたっていました。戦犯容疑者の日本人は約一〇〇名（うち既決囚が七～八名、死刑囚が一名）でした。

望郷と絶望

私に与えられた独房は、一間半ぐらいのコンクリート製で、中には寝台代わりの板と便器、毛布一枚があるだけでした。床は簀《す》の子《こ》のようなもので固くて眠れず、夏用服を着たきりの私は毎晩寒くてなおさら眠れません。天気が悪いと刑務所は日中でも霧の中で、夜は非常に寒かったのです。

午前と午後に一回ずつ約三〇分間の散歩があり、強制体操。そして粗末で不十分な食事……。二階の独房の鉄網の高窓からは、沖を航行する船が見え、「あの船に乗って行けば今頃は故郷に帰っていたのに」と思わずにはいられませんでした。望郷の思いと悲しみがつのり、意気消沈というか絶望的でした。体調を崩すほどではなかったけれど、いくらか戻っていた体重も、痩せて肋骨が出て、目もギョロギョロしていました。

それより気力の点で影響を受けました。香港までたどりついて、やれやれと思っていた矢先の逮捕だけに、衝撃も大きかった。私は戦犯仲間の中でも、最悪の経歴だと思います。まず逮捕があって、起訴状を受け取りそれが却下、帰還の途中でまたチャンギー刑務所に連れ戻され、その後待っていた最悪の試練……。

私は、約三週間後の一九四七年二月一八日に英軍艦に乗せられ、チャンギー刑務所に戻っていきました。あのコンクリート塀を再び見上げ、以前にも増した重圧感に押しつぶされそうでした。

4 死刑判決と〝俎上生活〟の八カ月

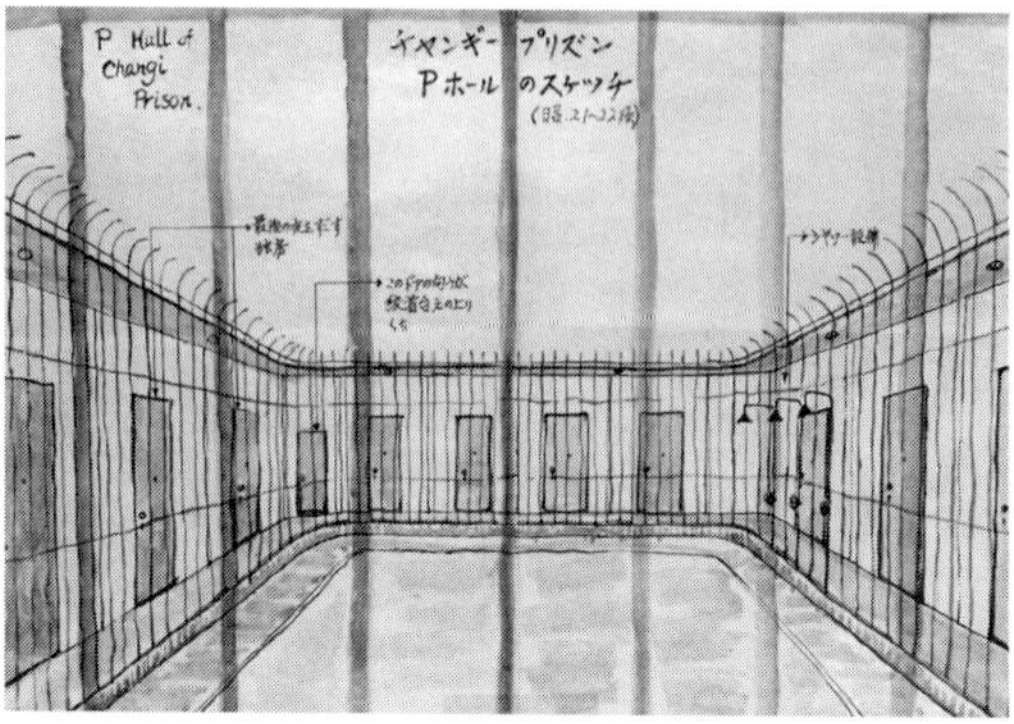

著者が収監された死刑囚用のホール。鉄道第5連隊小隊長だった阿部宏さんによるスケッチ。

二度目の起訴状

淡路島くらいの大きさのシンガポールの東端にあるチャンギー刑務所は、東洋一の監獄と言われていました。東西約二〇〇メートル、南北約三〇〇メートルにわたる敷地内に、三階建ての四棟の獄舎があり、東から順にA、B、C、Dホールと呼ばれていました。また、敷地中央寄りには、絞首台が付設されたPホールがありました。

未決・既決合わせて約三〇〇名の在所者がおり、仲間の多くは私の再召喚を知って驚き、慰めてくれました。そして何かニュースはないかと聞くのですが、彼らが望むような話は私も知りません。それで、釈放後から再召喚までの経過を話しました。

私が収監されたDホールの独房は一坪ほどで、コンクリート製のベッドと枕は作り付けでした。入口は鉄扉で覗き窓がありました。当時は衛兵がインド人の英兵に代わっていたので、虐待の度はいくらか緩んでいるようでしたが、食事は前と同じでした。取り調べもないまま独房に監禁され、一九四七年三月一〇日に二度目の起訴状を受けました。

前回の起訴状と内容は同じで、患者を就役させたため多くの者が死亡したということが付け加えられたのと、告訴人が四名から九名に増えていたのが違う点です。しかも、今度の告発人の中にダンロップ中佐の名前が加わっているのを見て驚きました。彼はキャンプコマンダー（将校）ですから、彼が加わっているかどうかで重みが違います。これには緊張しました。

私のために証言してくれるはずだった臼杵喜司穂《うすききしほ》中尉は、一九四六年一一月二二日、すでに死刑執行がなされていました。途方に暮れましたが、一〇年の刑ですでにジョホールバルで服役中だった同じ分遣所の岡田清一衛生曹長を、私の弁護士（日本から来た国選弁護人）の杉松富士雄氏を通じて証人に申請しました。

杉松弁護士は、本当に岡田曹長を探してくれたのかどうか、「岡田という人はいない」という返事でした。それで仕方なく、証人が一人も立たないよりはいいと思い、私の人格証言と職分の証言のために、石井民恵《たみえ》大佐を証人に申請しました。私の所属する第四分所の初代所長で、顔を合わせたことはありますが、言葉を交わすなどの機会もない上官です。石井大佐は、死刑囚として当時Pホールに収監されていました。

弁護士への不信感

私は杉松弁護士に石井大佐との打ち合わせの面会を依頼しましたが、杉松弁護士は自分だけ会って、私にはその機会が与えられませんでした。真意のほどはわかりませんが、私は岡田曹長の証人申請もできず、石井大佐との打ち合わせもできず、絶望的でした。

また、杉松弁護士に捕虜収容所の組織と命令系統を説明しようとしても、事件に直接関係がないから、と話をさえぎられました。私が「人員」と言ったつもりでも、弁護士は「賃金」と聞いたのか、「君の日本語は非常に下手だ」と不機嫌な表情をしていました。

日本語は私の母語ではないので、表現のまずさや不可解なこともあったでしょう。しかしそれ以上に、杉松弁護士には、民族的偏見や軍隊の階級による先入観があるように感じられました。私の不信感は膨れ上がっていきました。

法廷の状況

一九四七年三月一八日、公判が開始されました。刑務所内の小さな建物の仮設法廷でした。判事一人、陪席判事二人、検事一人は全員オーストラリア人だったと思います。あとは杉松弁護士と、日本人通訳二人と、私だけでした。

まず聖書を持たされて、「私がこの法廷において述べることは、真実以外の何ものでもない」云々と、宣誓させられました。裁判官の人定尋問の後で、検事の、被告に対する尋問が始まりました。以下、一九五二年頃私が記録にとどめた『私の手記』から再録します。

検事　ヒントクの分駐所には、赤痢患者や下痢患者が多くいたというが知らないか？
李　知りません。
検事　見たことはないか？
李　見たこともありません。

検事　作業人員の割り出しは誰がやるか？

李　所長が捕虜の労務係と協議の上でやる。私はその配当表に従って人員を割り当てます。

検事　もし四〇〇名の時、三八〇名しかいなかった場合は、どうするのか？

李　過不足はなかった。

検事　もしあった時はどうするか？

李　上官に報告します。

検事　作業人員は鉄道隊の要求によるのか、収容所の通告によるのか？

李　収容所の通告によります。

検事　鉄道隊の兵隊が捕虜を殴って二名死亡したというが、知っているか？

李　そういうことはありません。

検事　鉄道隊とはどれだけの距離があったか？

李　約四〇〇〜五〇〇メートルです。

検事　日本軍は何人いたか？

李　鉄道隊の兵隊が五名、軍属が十数名いました。

裁判官　兵隊と軍属の服装は異なっていたか？

李　私が現在着ている服装で、兵隊も軍属も同じです。ただ階級章が違うだけです。

検事　捕虜が多く死亡したというが知らないか？

李　知りません。

約四〇分で最初の審問が終わり、翌々日は石井民恵《たみえ》大佐の証言から始まりました。

検事　被告を知っているか？
証人　私の部下で、非常に真面目に勤務しておりました。
検事　赤痢や下痢患者が多くいたというが知っているか？
証人　はい、知っておりました。
検事　大本営からこの工事は急を要するから急ぐようにとの命令の伝達を受けたことはないか？
証人　他の所長は受けたかもしれないが、私は受けていません。
検事　捕虜の診断は誰がするのか？
証人　捕虜の軍医がやります。
検事　作業人員の配当表は誰が出すのか？
証人　日本軍が出します。
検事　それでは診断は捕虜の軍医がやって、配当表を日本軍が出すのはおかしいではないか。

証人　それでも日本軍が出します。
検事　作業人員は鉄道隊の要求によるのか、収容所の通告によるのか？
証人　鉄道隊の要求によります。
検事　要求人員より足りなかったときはどうするのか？
証人　それだけで間に合わせます……（後はつかえる）。
検事　一二〇余名も死亡したというが、その原因はどこにあると思うか？
証人　労働が厳しいからだと思います。

約三〇分で大佐の証言は終わりました。

簡単に出された結論

私の裁判のもっとも重要なポイントは、「患者を強制的に作業に出したため、多くの者が死亡し、その責任はヒラムラにある」という点ですが、私と証人の証言は食い違っていました。事前に被告と証人とで打ち合わせしていなかったためです。

「作業人員の決定」について、私は「収容所の通告」と言い、石井大佐は「鉄道隊の要求による」と言った。私は、鉄道隊の要求によるが、出す人員がなければ最終的には収容所の言うとおり我慢してもらうしかなかった、ということを伝えたかったのです。

また、大勢の捕虜が死んだのは「労働が厳しいからだ」と言ったのでは、患者の強制就労を認めたことになります。労働は鉄道隊の責任ですが、捕虜を管理しているのは収容所でしたから。

今の時点で聞けば、大勢の捕虜が死んだのに何もなかったと言う方がおかしい。確かに作業に出す人数については無理がありました。しかし、鉄道建設を急ぐ鉄道隊からの命令があってのことであり、やむを得ない状況にありました。

石井大佐の、「大本営が急がせた命令を自分は受けていない」という発言は、責任逃れであり、所長が大本営命令を知らないわけはないのです。なぜ一言「収容所のことは自分の責任で、軍属に責任はなかった」と言ってくれなかったのか、証言に立ってくれたことには感謝するものの、割り切れない思いが残りました（石井大佐もその後処刑され亡くなられました）。

私の裁判は、告訴した者は誰一人として出廷せず、書類だけの裁判でした。ですので、私は起訴事実に反論することもできません。杉松弁護士は、被告は最末端の軍属で権限はなかった、重刑を科すべきではないと情状酌量《じょうじょうしゃくりょう》を求める弁論を行いました。一方、オーストラリア側の検事の弁論内容は逐一通訳されるわけでもなく、よくわからないままで終わりました。また、私は証言の食い違いにがっかりして、そもそもあまり耳に入りませんでした。

裁判官は起訴状をそのまま認めたらしく、休廷して隣の別室に入った数分後に、判決の理由も付さず、「デス、バイ、ハンギング！（絞首刑）」と宣告しました。その瞬間、私の頭の中は真っ白になり、ボーッとした気分で何が何だかわからず、考えが全然まとまりません。手錠がかけられ、その冷たさでハッと我に返りました。

死刑囚となって

私はそのまますぐに、Ｐホールに連れていかれました。懲罰監房（Punishment Hall）だったＰホールは死刑囚の監房となっていて、他の房と隔てるコンクリートの塀に囲まれています。東西一二メートル、南北二四メートルの中庭を囲んで二四の独房があり、中庭に面した側は鉄格子やパイプが巡らされていました。中庭は芝生になっていて、真中に花壇がありました。その周囲は幅一メートルほどのコンクリートの回廊になっていて、ドーム状の庇《ひさし》の先に空が見えました。

死刑囚の囚人服は栗色の半袖半ズボンで、背中には「C・D」という文字（Condemned to Death ＝死刑を宣告された者）と囚人番号があり、私の番号は三一七番でした。当時のＰホールでは、二〇名近くの囚人が「俎上《そじょう》」生活を送っていました。「俎《まないた》の上の鯉」――自分ではもう、いかんともしがたい生活です。

朝六時起床で中庭に出され、昼間は中庭で体操をしたり、碁をやったり、壁にもたれて座り、夕方六時半に独房に戻る生活です。庭の隅にはシャワーがあり、食事は日本人有期刑者が運んできて、アルミ食器で食べました。未決のときはなかった昼食も出て、量も多くなっていました。

入った当初は、自分でも意外なほど平静でした。もうこれ以上の悪いことはない、来るところまで来たという一種の安堵感でしょうか。後は運命に任せるばかりという諦観かもしれませんが、何だか肩の重荷をおろしたような身軽さを感じました。

でもそれは束の間で、日が経つにつれていろいろな思いが湧いてきて、昼夜を問わず私を苦しめます。特に、今は解放された祖国で、この凶報に接する父母弟妹の身の上を案じました。悲嘆のあまり、あるいは周囲の白眼視で、家族に何か不幸なことが起きないように切に祈りました。

それからもう一つは、日本の侵略戦争なのに、なぜ朝鮮人である自分が戦犯として殺されなければならないのかという疑問です。日本人死刑囚は、一応は自分の国家のためとして自らを慰められても、朝鮮人戦犯は自分を納得させて死ぬことができません。これは私だけでなく、処刑された同胞の最も大きな苦悩だったと思います。

いろいろな形で祖国の独立を祝う様子が伝わってくるのに、われわれは喜ぶどころではない。一日も早く帰って祖国のために働かないといけないのに、死刑囚になってしまった身では、祖国への負い目さえ感じます。殺されていくというのに、誰一人異議申し立てをする人もいない。棄民というか、自分の国の後ろ楯がないつらさにも、悶々《もんもん》としていました。

死が目の前に

Pホールではインド人の大尉が死刑執行を通告にきます。皆は「死の使者」と呼んでいました。その大尉が現れるとPホール中が緊張し、いずれ死ぬとわかっていても皆の顔色が変わるのです。

あるとき私は、処刑のときにまごつかないように、顔なじみになったインド人衛兵に「処刑台」を見せてもらったことがあります。緑の扉に続いて渡り廊下、その先にいわゆる「一三階段」があり、絞首台が三台並んでいました。ずいぶん簡単な装置です。こんなところで処刑されるんだなと思いました。自分でも少し茶化したいような気持ちだったのでしょうか。真剣に考えたら、そんなところを見る気にはならなかったと思います。

処刑の前日に通告がくるのですが、囚人服から作業着のようなものに着替え、必ず体重を計ります。体重の少ない者には、重りの砂袋を腰に付けるためです。

その夕方から、大抵はPホールの広間で晩餐会《ばんさんかい》を開き、和風の料理を食べます。たとえば汁粉、魚、テンプラ、酢の物、味噌汁等。これらは外部作業隊の差し入れで、日本人だけでなく朝鮮人も同じでした。煙草が各人に約二〇本。歌ったり踊ったり笑ったりして、とても明日死んでいくとは思えないほどです。

私は独房で情景を想像しながらその音を聞き、いろいろな思いにふけりました。晩餐会は大体八時頃までに終わり、従来彼らが入っていた房ではなく、処刑場に一番近い房に入れられます。

絞首刑の様子は見えなくとも、様子は音でわかります。「君が代」「海ゆかば」を歌い、「故郷遥拝」をする。日本人の場合は「皇居遥拝」だったのかもしれませんが、朝鮮人の私は、はるか離れた故郷への遥拝と受け止めていました。

Ｐホールの各独房の中では、残余者も合唱します。折りを見て衛兵に開房してもらい、最後の握手で別れを告げると、彼らは「最後までしっかりがんばってくれ」と元気づけてくれる。握手が終わると残余者は再監され、彼らもしばらくして再監される。高壁で区画されている隣の未決・既決囚ホールからも、「海ゆかば」の合唱が聞こえてきます。

もう外には誰もいず、時刻は刻一刻と迫って、ドアがカチャカチャと開く音がする。「みなさん元気で！」というのが、彼らの最後の言葉でした。われわれもすかさず「元気でいけよ！」と応えます。彼らは「天皇陛下万歳！」あるいは「大韓独立万歳！」を絶叫しているうちに、あの気味の悪いガタンという音。そのガタンの後の静寂……。私はただひざまずいて、彼らの冥福を祈りました。

カンナの花

普通は、死刑執行が終わって小一時間くらいすると、われわれを中庭に出してくれます。

皆、ぼーっと気が抜けたようにしています。中庭では、誰が決めたわけではないが、それぞれ座る席が決まっています。先ほどまでいた人の席が、ポカッと空いているのが、すごく寂しさを感じさせました。花壇の花は変わりなく咲いているし、中庭から見上げる青空には、ツバメが高く低く飛んでいる。自然は変わりないのに、彼らが以前座っていた場所には誰もいない。その悲しさはたとえようがありません。

カンナの花が、どうしてあんなにきれいだと思ったのでしょうか。少しピンクがかった紅いカンナの花が、蕾《つぼみ》から花になるのを、一週間くらい見ていたこともありました。次々と蕾が増えるのを、あれが咲くときまで見られるだろうかと、繰り返し眺めるのです。花壇は、当番に来ている既決囚が心をこめて作ってくれたものですが、その他にも、コンクリートの割れ目から生えてくる雑草の生命力に、すごく魅かれて執着しました。

最後の時間

この「俎上」生活は、外の人々が考えるほど陰惨なことばかりではありません。皆は笑い、語り、麻雀や囲碁をしたり、詩や和歌をひねったり、その他、勉強や、書きものをしたりしていて、短い余生はなかなか忙しいのです。

前例からして、判決の後三カ月目くらいには執行の通告があったので、私も他の死刑囚にならって、死の旅路への準備を進めました。詩をつくったり、文章を書いたり……。紙や鉛筆などは苦心してこっそりと手に入れていました。
遺書のつもりで書いた漢詩もあります。

俎上記

囚窓夢覚夜愁々　　獄舎で夢から覚めると夜の闇は深い
欲為心思起依壁　　心慰めようと起き上がり壁によりかかり想う
家門汚名生覚時　　家門の汚名を考えると
常時双涙感中催　　いつも涙が溢れてくる
一出一没人常事　　生まれて死ぬのは人の常
一身滅亡不惜毛　　一身の滅亡は惜しくはない
在家省審十八年　　思えば親元にいること一八年
戦犯落花二十三　　戦犯極刑で世を去ること二三歳　（一九四七年三月）

「俎上生活」は苦悩の毎日でした。
教誨師《きょうかいし》の田中和尚さんは、宗教に関係なく死刑囚の世話役をしてくれました。皆「田中和尚さん」と呼んで慕っていましたが、「田中本隆《ほんりゅう》」という名のお坊さん。のち「田中日淳《にちじゅん》」として東京・池上本門寺《いけがみほんもんじ》の貫主もつとめられますが、戦争中召集され、シンガポールで終戦を迎えたあと、すぐに日本には復員せず、チャンギー刑務所の教誨師をされていました。

田中先生は、必要な物をこっそり差し入れしてくれたり、「遺書」や「形見」を外に持ち出してくれたりしました。正式な遺書は、処刑に際したときだけ執筆を許されており、本心を記したものは、田中和尚さんが危険を冒して持ち出してくれていたのです。説教するのではなく元気づけてくれ、晩餐会のときに立ち会ったり、処刑の直前に監房の中でお経をあげ、慰めてくれていました。

Pホールには、シンガポールの華僑粛清事件にかかわった河村参郎中将とその関係者たちもいました。あるとき、河村中将が「君たちまで道連れにして、申し訳ない」と部下たちに話しているのを聞いて、立派な態度だと感じました。

紳士ぶった英国人男女のグループが、Pホールの死刑囚を見物しに来たこともあります。それまでも色々なグループが来ては、鉄格子に囲まれた中庭にいるわれわれ四人を、檻のなかの動物のように見物していくのです。河村中将たちの死刑執行（一九四七年六月二六日）の写真を、新聞にデカデカと載せていたことも、後で聞きました。

仲間の処刑

この生活中、私は多くの人々の死に立ち会いましたが、同じ朝鮮人軍属仲間では林永俊《イムヨンジュン》さん一人だけです。彼は七月一七日の最後の別れの際、「ヒロムラさんが減刑になることを祈ります。そして、減刑になって出たら、ハヤシという人間がそんなに悪い人間ではなかったことを知らせてください」と言い遺しました。その言葉を聞く私も、いずれ死んでいく死刑囚の身です。私は何も言えず、握手をしただけでした。

当時、死刑囚はたった三名だけになっており、林さんは一人での旅立ちでしたが、残る私と永友吉忠《ながともよしただ》さんが、日直下士官の許可を得て、幸い晩餐会に参加することができました。他に田中和尚さんを入れて四名の晩餐会です。

林さんは食事も何もとらず、元来寡黙な彼はただ黙々として、晩餐会の終わるのを待っている様子でした。他の晩餐会とはまったく違って、歌も笑いもなく、明朝旅立つ者にとってはふさわしいものだったと思います。林さんや、すでに処刑された朝鮮人同胞の心境はいっそう複雑で深刻なものだったはずですから。

林さんの処刑が執行され、とうとう二名になってしまうと、中庭は二人の独占でした。こうなると余計に何かと考えさせられます。彼らの手で殺されるより、自決しようという考えが浮かんだこともありました。一日でも長生きしたいという生への欲望と、一方では早く死んだ方がいいという矛盾した思いがせめぎあいます。

いったい人々がいう地獄・極楽、霊魂不滅、神というものがあるのか？という問題は、以前よりいっそう切迫した問いになりました。普通は死を前にすると、宗教に帰依する人が多くなります。この点、私はまるきり反対でした。存在不明の神を信じなくても、人間は各自の良心によって行動すればよい。すべての生物は「一出一没」（生まれやがて死ぬ）の自然の鉄則によるものなんだと、私は信じたかった。ある朝起きてみると、コンクリートの上に大きなゴキブリが死んでいて、動かしてみても何の反応もない。人間も、それと同じなんだと思ったりしました。

意外な減刑

刑務所が軍政から民政に変わりました。看守が入れ代わり、職員の数も減って、見回りは看守一人となりました。そのため、食事時間約三〇分、水浴約二〇分のほかは、独房に入れたきりで、中庭に出してくれなくなりました。許可された本だけを一日中読んでいるわけにもいかず、実に困ってしまったけれど、これも数週間が過ぎると気にならなくなりました。

永友吉忠さんが一九四七年九月一六日に処刑。とうとう私は一人残されました。永友さんはタイ捕虜収容所の第三分所の所長で、私とはずいぶん年が離れており、いま資料をみると、当時四八歳です。「中佐」ですが、次第に階級なしの「さん」づけで呼ぶ仲になりました。

永友さんの処刑からしばらくして、マレーシアのジョホールバルから溝江《みぞえ》さんという日本人が移ってこられ、また二人になりました。

一一月七日の夕食後、ついに私は職員に呼び出されました。

ああ、いよいよ来たのか、私の人生も明朝までかと思いながら、事務所に行くと、連絡将校は不自由な日本語で、予想外にも「二〇年に減刑になった」と告げました。その瞬間は、うれしいとも何とも感じない茫然とした感じでした。本当に死刑を免れたんだと実感したのはいつ頃だったでしょうか。いずれにせよ、何年も後のことです。

衛兵が許してくれないため、私はたった一人残る溝江さんに挨拶もできないまま、既決囚のDホールに移されました。

私が減刑の理由を知ったのは、四四年後、一九九一年に国家補償請求裁判を起こし、オーストラリアから裁判資料を取り寄せたり、あのダンロップ氏に会ってからのことです。

ダンロップ中佐は、私の起訴のための宣誓供述書にサインをしませんでした。戦犯処理委員会は、サインを促したようですが、彼は署名しなかった。ダンロップ氏の名前が、私の告訴し、告訴人の中に入っていたのは、本人の希望ではなかったようです。一九九一年に再会した際、彼は私の死刑までは望んでいなかったと言っていました。それが大きな要因で、私は減刑になり助かったのです。また、オーストラリアの軍事裁判部長が、一度釈放になった者を再び告訴し、死刑にするのは問題があり、長期拘禁刑に減刑するよう強く求める、と勧告していたこともわかりました。

さらには、私が不信感を抱いていた杉松弁護士も、判決破棄を求める嘆願書を、判決の一〇日後（一九四七年四月一日）には出してくれていたそうです。内海愛子先生が確認した裁判記録によると、人定手続きの不備、朝鮮人であり権限がなかったこと、起訴内容に、私がダンロップ氏を殴打したとあるのは、明らかに「人違い」であるなど、提出された「証拠」の問題点を、弁護人としてはっきり主張してくれていたのでした（内海愛子先生の『キムはなぜ裁かれたのか』に具体的に書かれています）。

さらに、捕虜収容所の仲間（韓国人・日本人）も助命嘆願書を出してくれており、とてもありがたいことでした。私の母も、私が国を出てから、毎朝暗いうちに起きて清水を汲んできて、無事を祈ったといいます。田舎は道も悪く、井戸水を汲みに行くだけで大変なことです。親の誠意が通じたのかとも思いました。

オートラム一般刑務所へ

チャンギー刑務所に収監されていた戦犯は、一九四八年一〇月に全員がオートラム刑務所に移管となりました。戦犯は二〇〇名前後で、朝鮮人は二〇～三〇名くらいいたと思います。台湾人も二人いました。彼らは、創氏名などはあまり使わず本名の場合が多かったから、話をしたことはなくても台湾人だということは知っていました。

オートラム刑務所は、チャンギーから車で一五分ほどの市街の一角にあり、日本の占領時代に、日本軍が陸軍刑務所として使用していたそうです。私が入れられた独房は、やはり一坪ほどでベッドはなく、むき出しのコンクリートの床に敷物を敷いて寝ました。

看守は英国人とインド人でした。食事と看守の対応は、多少よくなりましたが、彼らの胸の内は別でした。私は殴られたことはありませんが、殴られる仲間は多かったです。

既決囚の生活

囚人の作業は、クリーニング（囚人の服に限らず、外から持ち込まれる物の洗濯）、鍛冶屋（水道管などの修理用道具作り）、ヤシの実の皮をたたいて繊維にして縄をなうなどの仕事がありました。私は「ヤシの実たたき」の分の悪い仕事をずっとやっていました。

水道直しの仕事は、それほど技術がいるわけではありませんが、道具をぶら下げてあちこち修理して回ります。近くに現地の女性囚の監房があって、仕事の合間にそこを眺めてくる人がいるのです。帰ってきて「いやー、今日はきれいな女がいたよ」とか皆に話して聞かせるのです。使役で外に出られる仕事や炊事場の仕事もあって、我も我もと希望者が殺到するのです。皆はすばしっこくあれこれ動くのです。そうすると結構面白いことや余禄もある。それに対して私は、本当に生活能力がないというか、要領が悪かったと思います。

作業の給金をもらうと、皆は甘いものを買ったりしました。私は給金で、オックスフォード辞典を買いました。刑務所当局が注文を取って購入するのですが、英英辞典では実際の勉強で使いこなすわけにいかなかった。土産というか記念品ということです。

私が入っていた英語を勉強するグループは、タイのバンワン刑務所から始まり、オートラムでは四〜五名いました。先生は日本人で、生徒は朝鮮人が多かったです。朝食後など、朝のうちに中庭で勉強しました。

勉強といっても、読書とか文法のことで、英会話ではありません。リーダーズダイジェストを手本にして一生懸命やりましたが、難しかった。刑務所では、リーダーズダイジェストと聖書だけは自由に見せてくれました。

家族の消息と朝鮮戦争

刑務所にいるとき、一回だけ、弟から手紙を受け取ったことがあります。両親は元気だということと、弟が公務員の判任官試験を受けるというような内容でした。弟も、余計な心配をさせないように詳しいことは書けなかったと思います。私も返事を出しましたが、やはりあまり詳しくは書けないから、安否程度のことと、弟には、しっかりやって試験に受かってくれということは書いたと思います。

弟は高等教育を受けていないのに、独学で勉強して試験を受けるまでになったのかと、とてもうれしく思いました。私の所在は、先に帰国した友人が郷里に寄って、家族に伝えてくれたのだと思います。

オートラム刑務所に移って、一年八カ月。一九五〇年六月二五日、朝鮮戦争の勃発のニュースが飛び込んできました。通訳的な仕事をさせられていた、英語のできる日本人戦犯が、事務所で机の上にあった新聞を見てきて、教えてくれたのです。「何でまた」と、やりきれない気持ちでいっぱいでした。
このとき韓国語で書いた詩が、手元に残っています(下に日本語訳を付けます)。

動乱의 悲劇
추우나 더우나
물 주고 붓도다
花壇에 핀 꽃을
無心한 아이들아
싸우며 꺽지 마라
主人 속 쓰려 하노니

動乱の悲劇
寒いときも暑いときも
水をやって育てた
花壇に咲いた花を
分別のない子どもたちよ
ケンカしながら折るな
主人が悲しがっているのに (一九五〇年六月)

自分は日本の戦争責任を負わされて、戦争が終わって五年経っても牢の中にいる。もう戦争だけはごめんだと思っていたのに、こともあろうに自分の国で、しかも同じ民族の間で戦争が始まっているのです。悲しむのは「主人」、つまり朝鮮の民そのものにほかなりません。

詳しい状況もわからず、焦燥の日が続きました。イライラするばかりで何もできない自分にまた苛立って、それが原因か、胃痛を起こして二週間も入院してしまいました。七月一〇日には、休戦会談が開かれていたようですが、戦闘は継続していて、家族の安否もつかめませんでした。

日本への送還

一九五一年、オートラム刑務所に来て三回目の正月を迎えてしまいました。この間、そろそろ日本に帰れるだろうという噂は、何度も聞きました。私の二〇年という刑期も、丸々二〇年ではなく、いずれどこかで減刑になるだろうと思っていました。少しでも郷里に近づきたい、とにかく日本に「帰りたい」と、私も願っていました。

一九五一年三月二七日、オートラム刑務所のベイリ所長は、収容中の戦犯に「近いうちに日本人戦犯を送還させるから、準備を整えておくよう、本日、軍からの指令があった。乗船日が判明次第、追って通知する」と伝えました。その後も、何回か同じような話はありましたが、なかなか実現しないままでした。

七月初旬に移管が発表され、マレー半島の全戦犯がオートラム刑務所に集結させられました。八月一四日、いよいよタイレア号に乗船。二三一人のBC級戦犯のうち朝鮮人が二七人、台湾人は七人でした。私を含めその多くにとっては、初めての日本でした。

オートラム刑務所からスガモ・プリズンへ移送される直前の戦犯たち。矢印が著者（1951年8月）

日本への上陸

一九五一年八月二七日、横浜に上陸。横浜港には、日本人戦犯の家族や知り合いがたくさん来ていて、幟《のぼり》などを立てて大声で名前を呼び合って出迎えていました。帰国は事前に家族に知らされていたようでした。戦犯とはいえ、命をなくさずに帰ってきたわけだし、犯罪者というのではなく、国のために働いた結果だと思われていたのでしょう。皆歓喜にあふれていました。

しかし、われわれ朝鮮人には、誰の迎えもありません。仮に私たちの祖国の家族に通知があっても、出迎えに来られるわけではないけど、知らせることさえしていません。そんなことが影響して、また、その日は曇り空だったこともあり、私にとっての横浜港の第一印象は、陰気な感じを受けました。予想していなかった現実にぶつかった、ということでもあります。そこから、トラックに乗せられ、東京のスガモ・プリズンに着いて、ＤＤＴ（シラミの殺虫剤）の噴霧消毒で迎えられました。

タイの首実検で逮捕されて以来、丸六年が経ち、私は二六歳になっていました。朝鮮戦争の特需景気で、戦後復興の緒につきはじめた日本の地に、「日本人戦犯」の一人として、私は初めて足を踏み入れたのです。

5 スガモ・プリズンというところ

スガモ・プリズンにて（1952年）。左より金昌植さん、著者、尹東鉉さん、金鏞さん

刑務所らしくない刑務所

いまの東京の池袋駅周辺は、ビルが立ち並ぶ賑やかな街です。その東口に広大な刑務所があったことを知る人も少なくなったかもしれません。現在サンシャインシティの立つ敷地にはかつて東京拘置所があり、戦後占領軍に接収されて、戦犯者用の「スガモ・プリズン」として用いられました。

一九四八年一二月二三日に、東条英機《とうじょうひでき》以下A級戦犯七名の処刑が行われたのは比較的知られています。ほかにBC級戦犯も含めて、全部で六三名がここの絞首台に登ったそうです。

私は一九五一年八月二七日、スガモ・プリズンに送られてきました。三階建て、六棟からなる建物の中に、監房がありました。私が入れられたのは約一二畳の雑居房で、部屋の中に便所もありました。一部屋に五～六人。日本人戦犯は畳の感触に感激していましたが、これが畳か、と、物珍しさが先に立ちました。

囚人服を支給され、食事は廊下で配られたのを、部屋に持って入り食べます。シンガポールの刑務所の食事より格段に上でした。

一九五〇年四月に死刑執行が行われたのを最後に、同年六月の朝鮮戦争勃発後は死刑囚は減刑になっていました。米兵の看守が朝鮮戦線に送られるようになって、日本人刑務官と入れ替わっていき、一九五一年に入所した私は米兵の看守を見た記憶がありません。

ラジオは各階に部屋があってそこで聞くのですが、自分で選局もできました。新聞も読めたし、所内に図書館もありました。所内の生活は、朝鮮戦争以降に大幅に自由化されたようです。

服役者は作業を半日やって、あとの半日は、一九四九年にできた戦犯者の運営する巣鴨学園の講座に出席していいことになっていました。私は数学と英語を受講したけれど、他の科目としては、簿記、電気、理容、民法などがありました。そのうち出所後の生活に備える職業教育や技術習得に重点が移されて、私は運転免許を取得しました。刑務所の庭が教習所になっていて、そこで運転練習をしたのです。

作業は、最初の頃の米軍管理の時代には、私はフォークリフトで物を運ぶときに使う木枠（パレット）作りをやりました。後になって、木枠は朝鮮戦争で使うと聞いて、嫌な気分になったことを覚えています。他には、米軍用疏菜《そさい》づくりの外部の水耕農場の作業もありました。人によっては車で外に出られる水耕農場の方をやりたがったけれど、作業グループごとに仕事が決められていました。

外の社会の情報は、新聞やラジオのほかに、面会人からも伝えられました。面会は原則として月三回、通信は封書で週に二通。ハガキは四枚が官費で支給されました。ただ、日本人には家族や知り合いが面会に来るけれど、私たち朝鮮人には面会に来る人がほとんどいなかったので、その点は寂しかったです。

民主的な「巣鴨運営委員会」

チャンギー刑務所では日本人と朝鮮人を分けて収容していましたが、スガモ・プリズンでは皆一緒です。看守が朝鮮人を差別することもなかったし、同じ戦犯同士でも、特に国籍の違いで摩擦が起きることはなかったと思います。

米兵看守の時代は規則が厳しく、銃を持って作業の監視をしていたそうですが、私がいた一九五〇年代前半は、刑務官もわれわれを呼び捨てにせず、丁重な扱いでした。

所内の運営について相談する、服役者による「巣鴨運営委員会」もありました。各階のフロアリーダーとアシスタントは、二〜三カ月ごとに無記名投票で選ばれ、当局との折衝にあたるのです。レクリエーションも運営委員会が企画して、運動会や映画の鑑賞会をやりました。

所内には、一九四八年六月創刊の『すがも新聞』というのもありました。毎週土曜日発行のガリ版刷りの新聞です。米軍の検閲《けんえつ》があるので、当局への批判や死刑囚のことなど、書けないことはあったようですが、所内に「新聞社」を設置して、マンガや挿絵入りの充実した紙面を作っていました。

スガモ・プリズンの中には各県ごとの県人会が作られ、一九五〇年一月には朝鮮人たちの「郷愁会《きょうしゅうかい》」もできています。ひと足先に日本に送還された、ジャワなどオランダ裁判により戦犯とされた朝鮮人が作ったものです。世話人代表は高在潤《コチェユン》さんです。後から入所した私たちも、もちろん入会しました。

それと私は、後で話す「平和グループ」で勉強するようになってからは、ブロック会議にも進んで出席するようにしました。ブロック会議というのは、一棟を一ブロックとして、ブロック内の管理・運営を話し合う場です。一九五〇年半ばにもなると、皆外出することが多くなって、廊下の掃除などの仕事をやる人がいなくなったのですが、私は進んでそういう仕事を引き受けました。そうしていれば、何か自分がしようとしたときに、私の話を聞いてくれるだろうと思ったのです。

「巣鴨詣でブーム」の中で

私が入所してすぐの一九五一年九月に、サンフランシスコ平和条約（講和条約）と日米安保条約が締結されました。いわゆる単独講和です。

それと共に、日本の再軍備の動きが顕在化していきました。岸信介《きしのぶすけ》、児玉誉士夫《こだまよしお》、笹川良一《ささがわりょういち》などのA級戦犯容疑者は、すでに一九四八年一二月に釈放されていて、五一年には、旧軍人などの大量の追放解除が行われていました。スガモ・プリズンの中には、各棟の世話人が中心になった「全棟委員会」が結成され、釈放運動を進めることになりました。五一年三月には法務委員会が結成され、『戦犯裁判の実相』という本を出したりしました。

それまでは家族親戚がポツポツ面会に来る程度だったのが、平和条約の締結以降、さらに翌年四月の発効後は、各種の慰問団が押し寄せました。米軍管理から日本の管理へと移り、名称も「スガモ・プリズン」から「巣鴨刑務所」へと変わりました。米軍管理のときは遠慮をしていたでしょうし、日本側にはある種の屈辱感もあったと思います。戦犯に厳しい目を向けていたマスコミでさえ、戦犯を戦争の犠牲者として扱いはじめました。

「巣鴨詣でをしない奴は日本人ではない」と言われるくらい、巣鴨刑務所への慰問が一種のブームになって、刑務所内の「テアトル」には落語家の柳家金語楼《やなぎやきんごろう》、歌手の美空《みそら》ひばり、人気子役の松島とも子など、有名人が慰問に来ました。グラウンドでの大相撲や野球の観戦もありました。双葉山《ふたばやま》や巨人軍の川上哲治《かわかみてつはる》も来ました。

各県人会や政治家や役人の来訪もあったようですが、私たちにそれはありません。日本人戦犯は（国内法では前科にならないため）選挙権を持っていましたから、政治家たちの訪問は選挙目当てだと言う人もいました。しかし、私たち朝鮮人の参政権は一九四五年一二月に剥奪されおり、関係ないのです。

戦犯を英雄視する風潮もあり、戦犯裁判について復讐裁判だと言う人もいました。確かに

慰問に来た在日韓国人の人たちと朝鮮人戦犯の仲間（写真：同進会）

それも事実ですが、加害者の面も確かにあり、復讐せざるを得ない気持ちを持った経過を理解する必要があります。私は皇民化教育の影響で、連合国の捕虜たちに対しては憎たらしいという感じしか持っていなかったけれど、巣鴨刑務所でいろいろ勉強する中で、自らの行為を反省し、自分の置かれた立場を自覚するようになっていきました。ですから、日本の再軍備や、戦犯の英雄視には危惧を抱いていました。

人身保護法に基づく釈放請求裁判

一九五二年四月二八日、サンフランシスコ平和条約発効と共に、「日本人」ではなくなった私たちは、当然釈放を期待しました。

サンフランシスコ平和条約の一一条は、「日本国は、……連合国戦争犯罪法廷の裁判を受諾し、日本国で拘禁されている日本国民にこれらの法廷が課した刑を執行する」と、米軍占領から解かれ独立しても、戦犯の刑の続行を日本が行う、としています。

それを実施するための法律は、発効前年の一九五一年一一月の国会で論議され、一一条の「日本国で拘禁されている日本国民」の範囲に、朝鮮人・台湾人が含まれるのかどうかが取り上げられています。そのときは、大橋武夫国務大臣と西村熊雄外務省条約局長とが、「日本政府が刑の執行の義務を受けている者は、日本人たる戦犯同胞諸君」である、つまり日本人ではない者は一一条には関係ない、と答弁しているのです。

しかし、発効直前の四月一二日の政府答弁では、日本人として日本の戦争に関与し裁判当時も日本人だった者、つまり植民地統治下で「日本人」とされた私たち朝鮮人も含まれる、というふうに変わってしまいました。日本軍に組み込まれ、日本のために尽くしたわれわれが、当の日本によって罰せられ続けるのです。しかも、軍人恩給を復活させ、戦傷病者戦没者遺族等援護法を制定し、それらからは日本国籍の者以外を排除する規定、いわゆる国籍条項を設けているのです。刑は日本人として、援護と補償は日本人ではないとして排除。あまりに不条理ではありませんか。

当時、刑務所には九二七名が収容されていました。その中に、朝鮮人は二九人、台湾人一人がいました。五月に、日本弁護士連合会から連絡があり、私たち朝鮮人・台湾人戦犯者は、加藤隆久弁護士に集団で面会しました。そこで、人身保護法に基づき釈放請求の裁判を起こそうという話になったのです。

その頃、釈放後の仲間を世話していた保護司に元村容三《もとむらようぞう》という在日朝鮮人の同胞がいて、その関係から出た話かもしれないし、平和グループのシンパだった朝鮮人戦犯の洪起聖《ホンギソン》さんが働きかけたのかもしれません。結局、収監中の朝鮮人二九人と台湾人一人の全員が原告と

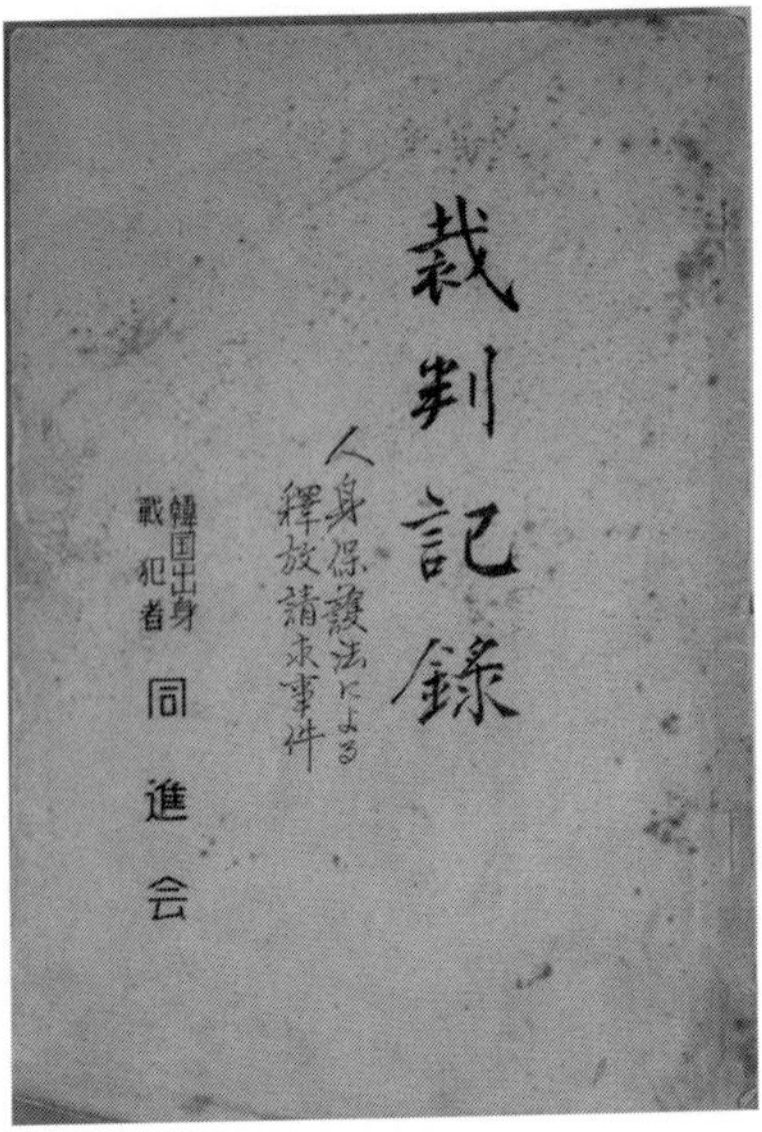

人身保護法による釈放請求裁判の記録（在日韓人歴史資料館蔵）

なって、釈放請求をすることになりました。といっても、われわれには法律知識はないし、お金もないから、そのあたりはすべて日弁連にお任せです。

一九五二年六月一四日に東京地方裁判所に提訴。サンフランシスコ平和条約一一条を、日本国籍を離脱したわれわれに適用するのはおかしい、条約に参加しない朝鮮・中華民国（台湾）の国民を拘束することはできない、よってただちに釈放せよと裁判に訴えたのです。

その後、審問期日を六月二八日に指定した呼び出し状が届きましたが、六月二五日になって突然、最高裁が東京地裁の審問取り消しと、最高裁への事件送致命令を出しました。

七月九日が第一回審問でした。最高裁大法廷に出廷したのですが、大きな法廷で、裁判官席も大きいのには驚きました。裁判官が全部で一五人。その前で、戦犯全員の人定尋問をやり、私たちを代表して洪起聖《ホンギソン》、高在潤《コチェユン》、金鏞《キムヨン》の三人が、自分たちの現状と戦犯になった経過や家庭事情、心境について陳述しました。

第二回は七月一四日で、加藤隆久弁護士と松下正寿弁護士が、平和条約の条文解釈を曲げてはならないと主張しました。しかし、七月三〇日の第三回法廷で、田中耕太郎裁判長はたった三分で請求棄却の判決を言い渡したのです。

判決では、日本国が委ねられた刑の執行規定として、刑が科せられた当時に日本国民であったこと、拘禁されている当時（平和条約発効の直前まで）日本国民であったことの二つの要件を備えているから、法律上正当だというのです。戦犯者は敗戦国の国民に限らないという強い意向がGHQから伝えられていたそうですが、戦犯裁判自体が不当なのに、自分たちが尽くした日本国によって拘禁されるなど、われわれが納得できるわけはありません。しかし、法的救済の道は閉ざされてしまいました。まったく不条理です。

「平和グループ」

釈放請求裁判を闘った一九五二年頃のことだと思いますが、私は朝鮮人の戦犯仲間から、よい勉強会があると誘われ、あるグループに参加しました。俗に「平和グループ」と呼ばれますが、正式にそう名乗っていたわけではありません。

行ってみると、社会学とか経済学とか、今まで聞いたこともない話がおもしろく、私も参加するようになりました。それ以前に巣鴨学園で勉強していた英語や数学は、その後辞めてしまいました。

平和グループのメンバーは十数人で、朝鮮人の仲間は私を含め三人いました。日本人は、禾晴道《のぎはるみち》さん、飯田進《いいだすすむ》さん、松浦猪佐次《まつうらいさじ》さんらが中心で、私たち朝鮮人戦犯の問題にも理解が深く、ことに飯田氏や松浦氏は、私たちの日本政府に対する運動に協力してくれました。

学習会の場所は、刑務所内のレンガ造りの建物です。ここでの勉強は、私にとって大変役に立ちました。子どもの頃は、勉強の結果、悪いことをしなければいい程度の理解だったものが、次第に、人が困っているときに手を差し延べ働くことは、自分のためであると思うようになりました。社会科学を学んでいくうちにそうなったのです。平和グループは、特に言論活動に力を入れていて、私も情報収集や、平和運動の署名集めによく動きました。

それまで私は、早く祖国に帰りたいと思っていましたが、平和グループに入ってから変わりました。いろいろ勉強したいこともあるし、その頃の韓国は軍事独裁政権でした。

私はその事情に気づかずに、「日本政府はけしからん」などと、政治情勢を批判する手紙を実家に書いて送ったのです。それが検閲にあい、「あそこの息子はアカになった」と、父が取り調べを受けたそうです。私には、家に手紙を出すことも文書活動の一つだという意識があったから、私の手紙に対し、検閲で「大変な奴がいる」ということになった。軍事独裁政権下の韓国では、日本ではスムーズに通った手紙でも、問題になったのです。

いろいろな情報から、そういうことを書いてはいけないと理解し、その後の手紙には、余計なことは書かないようにしました。これでは韓国に帰っても住みにくいだろうと思い、釈放されたらすぐ祖国に帰るという気持ちが揺らいでしまいました。たとえ帰ろうとしても、仮釈放中でもあり金もなくて帰れませんでしたが。

もしも韓国にすぐ帰っていたら、親孝行はできたかもしれないけれど、侵略戦争に参加して戦犯になった経過など、何もわからないままだったで

「平和グループ」が勉強会を行っていたスガモ・プリズン内の建物

しょう。日本のために尽くしたのだから、自分の国に帰っても一旗あげようと思っていたかもしれません。人生ちょっとしたことで変わるものだと思います。

平和グループで勉強をしていたときの私は、一番充実していた気がします。勉強ができると期待して捕虜監視員になった私は、死の瀬戸際まで追いやられた後、ようやく社会を知る喜びの中にいました。「チャンギー大学」も出たし、「巣鴨大学」にも通った。行きたいと思って行ったわけではありませんが、それらは私の〝国際教養大学〟でした。

戦犯者の手記

朝鮮人戦犯たちが「平和グループ」と一緒に活動したのは、よく話を聞いてくれ、いろいろ協力してくれたという面があったと思います。しかし、それ以前に「自分たちがなぜ戦犯になったのか」という疑問に目覚め、自分たちから加わったのです。

私もそういう思いで自問自答して、巣鴨刑務所に移って一年くらいしたときに、ノート一冊分、全部で四六ページの『私の手記』と名付ける手記を書きました。前に紹介した戦争裁判のやりとりも、その時点で私の記憶に残っていたやりとりです。誰に言われたわけでもありませんが、戦犯になった経過を記録に残して、いずれ誰かに読んでもらいたいという気持ちもありました。日本政府への釈放請求があっさり却下されたことで、私たちがなぜ戦犯として拘留され続けるのかという怒りも強まりました。

日本人戦犯にとっても、早期釈放は重要な問題だったから、スガモ・プリズンが日本に移管されてすぐに全棟委員会が作られ、また所内の県人会は各出身県に働きかけるなどの釈放運動が進められました。一九五二年六月には、衆参両議院でBC級戦犯者の釈放等に関する決議が可決されましたが、事態はほとんど変わらず、刑務所では全棟大会も開かれました。「一一条破棄」「実質的赦免勧告要求」「外部職業補導実施」などの要求を掲げてみても、やはり政府の対応は変わりません。在所者は日本人もそれ以外も、留守家族の生活を助けるため外出してアルバイトを始め、翌年には刑務所外の「職業補導」という名目の所外作業も許可されました。

この頃になると、戦犯釈放の署名運動が全国的に展開されました。しかし、戦争責任を曖昧にするような外での釈放要求に対して、疑問や異議を唱えた人たちもいました。例えば一九五二年一〇月号の雑誌『世界』に、「私達は再軍備の引換え切符ではない――戦犯釈放運動の意味について」という文章が掲載されると、巣鴨刑務所内は大騒ぎになりました。「一部の顔役的人物のやっている釈放運動」「愛の運動」「戦争受刑者世話会」や国会議員の動きなどを批判した文章は、平和運動グループの一人が密かに投稿したのです。「犯人」探しもあったそ

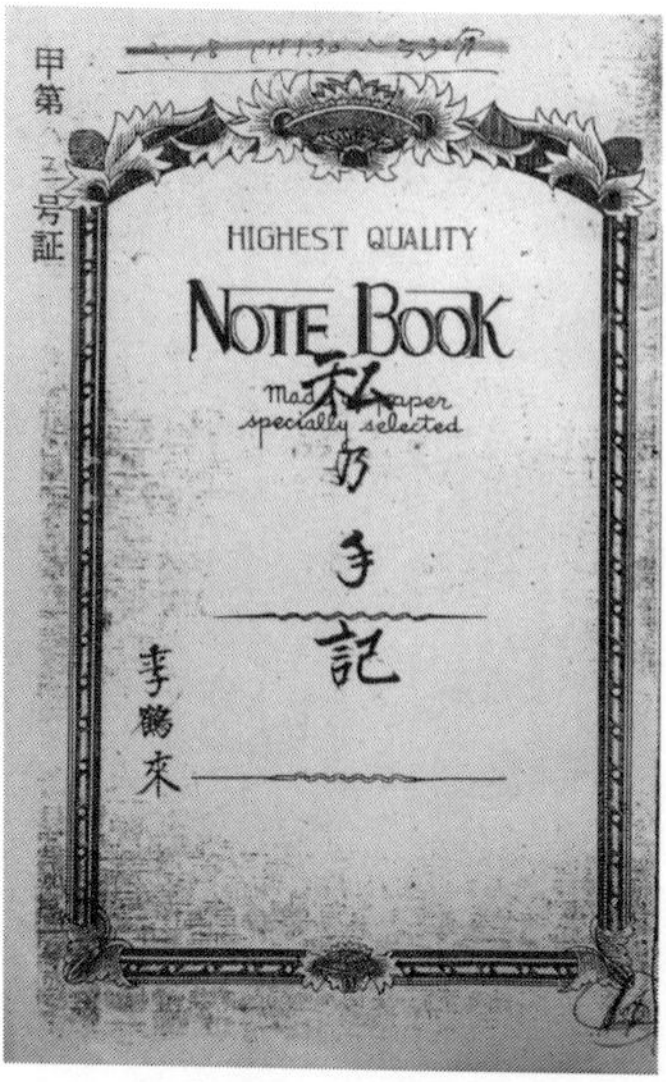

スガモ・プリズンで綴った『私の手記』。写真は1991年提訴の条理裁判で証拠として提出したコピー

うですが、私には記憶がありません。

また、平和グループの中心でもあった禾晴道《のぎはるみち》さんたちが本を出そうと呼びかけてきて、私も原稿を出したことがあります。『われ死ぬべしや』（一九五二年）の本が出た後の、『壁あつき部屋』（一九五三年）のときで、集めた原稿を禾さんたちが検討したのでしょう。結局、朝鮮人戦犯からは洪起聖《ホンギソン》さんの文章「朝鮮人なるがゆえに」が、金起聖のペンネームで掲載されました。それに続いて『あれから七年』（一九五三年）という本も出版されています。

『壁あつき部屋』は、同名の映画にもなりました。完成後しばらくの間、反米的だという理由でお蔵入りをしていたそうです。『私は貝になりたい』という映画の方が有名ですが、『壁あつき部屋』は戦犯者の手記集を元にした映画です。

平和グループは、所内や外への言論活動の一貫としてそういう手記集も出したし、外部の平和運動との結びつきも模索しました。「わだつみ会」の大会や「平和国民大会」に声明を送ったりしました。また、米軍に土地を強制接収された沖縄伊江島《いえじま》の農民（阿波根昌鴻《あはごんしょうこう》さんたち）の闘いへの支援として、カンパの品を送っていました。

巣鴨の戰犯達が沖縄を激励
配給品を出し合って
伊江島へ眞心の贈り物

伊江島の土地闘争に慰問品を送ったことを伝える沖縄タイムス記事（1955年6月1日）。右から2人目が著者しかし、外出の自由とともに、出所後の生活不安が所内の関心事になり、釈放前から職探しに動いたり、外泊者も増えていきました。そうして次第に平和グループとしての活動も停滞していったのです。

中央労働学院で学ぶ

私もあと一年もすれば出所できるというときに、このままでは日本社会に出ても何もわからないからと、港区の中央労働学院の政経本科に通い始めました。他には政経専攻科と文芸科がありました。一九五四年の四月からの一年間です。

中央労働学院の始まりは、「中央労働学園」といい、昔は法政大学の社会学部だったそうです。私は元々早稲田大学に憧れがあり、早稲田の聴講生にもなれたのですが、巣鴨刑務所で勉強したことで、「自分も労働者だ」という意識が生まれ、中央労働学院を選びました。誰にも相談せず、学院のことは何かの本で見た程度で、よくはわかっていなかったから、行ってびっくり。「真っ赤」でした。普通の労働者が勉強するところだと思っていたのに、想像とは違いました。

中央労働学院に通い始めた頃の巣鴨刑務所は、皆よく外出したし、家に帰って一週間も戻ってこない人もいました。アルバイトをする人も多く、一時は私も肥料工場に行ってアルバイトをしました。

中央労働学院の仲間のなかには、学校に来るのに都電運賃の一〇円がないという人もいました。刑務所にいる私には衣食住は心配なかったし、ほかに使うこともなかったから、私がカンパしたら驚かれたことがあります。中央労働学院には、お金がなくても苦にしない人が集まっていました。ゆとりがあるからではなく、勉強をしたくて来るのですから。

社会科学の勉強には、日常生活では使わない用語が出てきますが、やはり巣鴨刑務所の中での勉強が大きく役に立った。あのときは貪《むさぼ》るように勉強しました。わかってもわからなくてもとにかく読んで、そのうちやっと理解できるという感じでした。一日も休まず通ったのは、要領が悪かったし真面目でもあったせい。何かやりだすと執念を持ってやるのが私の癖なのでしょう。一度言いだすとなかなか折れない。よく仲間から「お前は強情っぱりだ」と言われました。

入学するときに自分の境遇については言わなかったけれど、巣鴨刑務所から通っているとわかったためか、「敵の回し者だ」と言われたことがあります。その後共産党の方で調べたらしく、ＢＣ級戦犯で心配ない人物だとわかったということでした。私もそのときは少し不愉快に思ったけれど、組織を守るためなのだろうと理解もできました。

中央労働学院は、朝鮮人だからと、それを問題にするようなところではありませんでした。国際的共産主義ということなのでしょうか。私の他にも朝鮮出身の人だとわかる人がいて、今でしたらもう少し近づいてみようとするはずですが、あの頃は不思議なことに、そうは思わなかったです。私の方は社会のことを知らないからと遠慮しているところもあって、学生どうしの付き合いはほとんどなかった。本当はそれを学ぶために行ったのですが。

放課後のサークル活動にも参加しないで、授業が終わるとさっさと帰っていました。たまに残っていると、スクラムを組んで労働歌を歌ったりしていたけれど、私は好きではなかったのです。

中央労働学院の同級生どうしで結婚した人がいて、結婚式に出席した記憶があります。会費制のなごやかな会で、良い雰囲気だなと思いました。学友の一人が病気で入院したときに、私が見舞いにきてくれたと後日彼に言われましたが、私は全然覚えていない。あのときは自分の勉強の方に目がいっていて、人間関係にはあまり関心がなかったのでしょうね。

韓国出身戦犯者同進会の結成

先に巣鴨を出た仲間たちは、軍服一着と七〇〇～八〇〇円を支給されただけで他に何もなく、その日から困窮状態に陥りました。しまいには、希望をなくして自殺してしまう人も出たのです。一九五四年一二月には、仮釈放になった朴昌浩《パクチャンホ》さんが出所拒否の断食《だんじき》闘争をしました。請願では政府は動かない。何とか解決しなければということで、一九五五年四月一日に「韓国出身戦犯者同進会」を結成しました。

「郷愁会《きょうしゅうかい》」という朝鮮人の集まりがあったことは先に述べましたが、これはいわば親睦会のようなものでした。その後、イギリスやオーストラリア裁判を受けたシンガポール組が帰ってきた一九五一年九月頃に、「郷愁会」から「韓人会《かんじんかい》」に名前を変えています。世話人代表は洪起聖《ホンギソン》さん。人数を増やして組織固めをしようという意図がありました。

そこから発展して、「韓国出身戦犯者同進会」ができたのです。一九五二年四月に公布された「戦傷病者戦没者遺族等援護法」で、日本人には援護をきちんとやりながら、われわれには一切しようとしないことに怒りを感じていたので、同進会では国家補償や遺族補償の問題にも取り組むようになったのです。

一九五五年四月一日に七〇名の仲間たちと同進会を作ったとき、私は三〇歳で、最年少でしたが会長になりました。会長に選ばれたのは、早く言えば、私は小使いみたいによく動いたからです。実力があったというより面倒をよくみたから、まわりの人も話を聞いてくれました。

中央労働学院で勉強したことも影響があったと思います。発起人会で趣意書や規約を作る段階で、「相互扶助の下に基本的人権並びに生活権の確保」と、目的に書き入れたりしました。私は何をするにしても目的を持って動いたし、共産党の志賀義雄《しがよしお》氏とか社会党の田原春《たはらはる》次《じ》氏らにも会いに行きました。与党に行かないで、野党にばかり行くと言われたり、なかに

同進会総会の仲間たち（1959年2月22日、豊島公会堂）。著者は最前列左5人目

は「あいつはアカだ」と言う人もいました。それでも「会長を辞めろ」と言わないのは、他にやる人がいなかったからだと思います。二年務めたあと事務方にまわり、歴代会長の補佐をしました。

同進会の活動

一九五五年四月二三日に政府に出したわれわれの要求は、以下のようなものでした。

一、早期釈放
二、国家補償の要求
三、日本人戦犯との差別待遇の撤廃
四、出所後の一定期間の生活保障
①住宅（公営住宅など）・就職の斡旋
②被服寝具の支給
③一時生活資金の支給
④官費による罹病者の治療並びに療養
⑤家族の生活援護
⑥一時帰国の許可

1955年、首相官邸に要請行動をする同進会会員たち

七月一日には、六〇名の仲間たちと幟《のぼり》を持ってデモをしながら、鳩山一郎総理大臣の私邸に「総理に会わせろ」と押しかけました。私も含めて、刑務所から囚人服のまま出かけてきた男たちもいました。一時間たっても面会できないので、次に国会議事堂に向かい、正面の鉄柵を開けて乱入し、守衛と押し問答をしたのです。その次には議員会館に入って、議員の部屋に声明書を配って歩いたりしました。

「捕まえるなら、捕まえてみろ！」という迫力でしたから、私服でついてきた刑務官も、警備の警官隊も全然手出しできませんでした。囚人デモというのは、前代未聞のことでしょうね。巣鴨刑務所の中でも大騒ぎになりましたが、在所者は支持してくれました。

当時、韓国の大使館にあたる「駐日代表部」があり、そこにわれわれは呼び出されて、「考え方が偏っている運動をしてはいけない」と、かなりきつく注意を受けたこともあります。しかし、同進会は仲間たちの親睦だけではなく、窮状を助けるためにあったのですから、やめるわけにいきません。

その後政府は、七月二八日の次官会議で「巣鴨刑務所出所第三国人の援護対策について」という申し合わせを行いました。朝鮮人、台湾人の別に一時居住施設を作り、総額三〇〇〇万円を補助。生業資金の貸付については、法人格を有する団体を作り、資金三〇〇〇万円を貸し

1956年8月14日、首相官邸前での座り込み。横断幕には「第三国人戦犯に国家補償せよ」とある。中央に立つ金鏞さんの肩越しに顔が見えるのが著者

付ける――。これらがやっと出てきたのです。そして一九五五年一一月に、朝鮮人向けの財団法人「清交会《せいこうかい》」、台湾人戦犯には「友和会《ゆうわかい》」が設立されました。初めて住宅、生業資金の貸付、就職の斡旋を引き受ける団体ができたのです。

今井知文先生

「清交会」の説明に入る前に、その設立に大いに尽力くださった私たちの恩人について触れないわけにはいきません。江戸川区で耳鼻咽喉科を開業していた今井知文《いまいともふみ》先生です。

「巣鴨詣で」がブームになっても、訪ねてくる人がほとんどいなかった私たちの元に、今井先生は足繁く通ってくれ、物心両面にわたっての全面的な支援をくださいました。

先生が私たちを知るきっかけは、田島隆純《たじまりゅうじゅん》という教誨師《きょうかいし》に付いて巣鴨刑務所に通っているとき、朝鮮人の戦犯がいると聞いて、「なぜ朝鮮人が拘留されているのか」と不思議に思われたことに始まるようです。私たちの事情を知ると、「こんなバカげたことを許しておいていいのか」と、自分ができることは何でもするという意思を秘め、たびたび私たちに面会に来てくださるようになりました。

ご家族や病院の看護婦さんまで含めての慰問や差し入れ、減刑嘆願運動もしてくださいました。今井先生は、町中の信頼厚い医者であり、人道主義者でした。フィリピン関係の戦犯の釈放などにも大きな役割を果たした人です。そして、先の「清交会」の理事も務めてくださったのです。

獄中から年賀状を先生に出したら、この年賀状は非常に尊いものだと、長い手紙の返事をくださったこともあります。私たちは孤独ですし、親身になってくれる先生のところには、何かあると相談に行きました。先生はいつも的確な判断をしてくれました。そのうち、今井先生への信頼が私たちの間で絶大になりすぎたせいか、今井先生が間に入らないと、物事が解決しないほどになったくらいです。

先生はちょっと変わった人だったかもしれません。同じ新潟出身ということで、有田《ありた》八郎《はちろう》元外務大臣の裏方役もやり、有田氏が都知事選に出馬して結局はうまく運ばなかったときも、今井先生が尽力しました。先生は共産党の林田茂夫《はやしだしげお》氏のこともよく話していたし、社会党の島上善五《しまがみぜんご》郎《ろう》氏を応援したりもしています。島上氏や、同じ社会党の渋沢利久《しぶさわとしひさ》氏は、私たちのよき理解者でした。

今井先生は、仏教徒に近いかと思いましたが、無宗教でした。私たちへの支援は、「日本人として申し訳ない」という気持ちもあったのでしょう。私たちは今井先生を日本における頼れる父親と感じ、育てていただいたと深く恩義を感じています。

先生は、看護婦さんを呼び捨てにしないし、映画を一緒に見に行ったりしていました。医

今井知文先生ご夫妻は、物心両面で私たちを支えてくれた（1991年）

者としての腕も立つ人で、患者がかなり遠くから来院するのです。病院には、「お困りの方はいつでも相談してください」と書いてありました。先生は、「診察室に入ったら、人間の生命と対決するんだ」と、常に真剣でした。とにかく人望が厚いのです。一九七六年、先生は日本政府から叙勲されますが、先生の業績を国が正しく表彰したものと思いました。

私の印象に残る先生の言葉に、「貸しを作って暮らしなさい」というものがあります。私は今でも、今日は何か良いことをしたかな？と、振り返ることがあります。

援護団体「清交会」

朝鮮人向けの財団法人「清交会」と台湾人戦犯の「友和会」は、一九五五年に設立されました。初めて住宅、生業資金の貸付、就職の斡旋を引き受ける団体ができたのです。清交会の会長は田中武雄《たなかたけお》氏、友和会の会長は木村篤太郎《きむらとくたろう》氏でした。

田中武雄氏は朝鮮の植民地支配当時の政務総監で、野口部隊で「しっかりやってこい」と訓辞を述べた張本人です。この人を引っ張り出したのは、今井知文先生でした。罪滅ぼしとしてやってくれるだろうと期待したのだそうです。その下に原田大六《はらだたいろく》という、朝鮮総督府の高官だった人が専務理事になり、よく面倒を見てくれました。

補助金三〇〇万円は住宅資金として清交会が借り受けて、仮設住宅を三カ所ほど作りました。あの頃の私たちには行くところがありませんでしたから、簡単な仮設住宅でも役に立ちました。

一九五八年一二月には閣議了解事項として、都営住宅の優先入居と生業確保が決まりました。それと「特別慰藉措置」として一〇万円が出るというので、意見は分かれたけれど、とりあえず越冬資金としてもらっておこうということなりました。しかし、刑死者の遺族に対しては政府は何も出していません。仮住まいであれ、やっと落ち着くことができた私たちは、国家補償を要求する運動に本腰を入れはじめました。

私たちは「犯罪人」ではなく、日本のために尽くしたと思っていました。国家補償については、国が間違って被害を与えた場合の「刑事補償法」を拠りどころにして（当時で一日五〇〇〜一〇〇〇円くらいだったと思います）、また、ビキニ水爆実験で被曝した久保山愛吉さんにアメリカが補償した例などを参考にして、その時点では、遺族に五〇〇万円、生存者には逮捕時から一日五〇〇円の換算による支給を要求しました。

出所後の仲間たち

一方では、一九五五年五月に在日本朝鮮人総連合会（総連）が結成され、一九五六年には朝鮮大学校が創立されるという情勢の中で、同進会の中からも帰国する人が出てきました。韓人会のメンバーには、北朝鮮に帰った人もいるし、韓国に帰って暮らした人もいました。

平和グループのシンパで、筆も弁も達者だった洪起聖《ホンギソン》さんは、一九五四年頃、韓国に帰国しました。帰国後は孤児院を運営するなどしていましたが、経済的に立ち行かなくなり、後に自殺したという知らせが届きました。二〇〇八年にＮＨＫの取材を受けた際、彼の故郷を訪れましたが、奥さん、娘さんも病気で、大変苦しい生活だったようです（ＥＴＶ特集「韓国・朝鮮人戦犯の悲劇」二〇〇八年八月一七日放送。ディレクター渡辺考）。

洪さんは気持ちの熱い人で、巣鴨時代は、日本人とよく口論もしていました。また同じ戦犯仲間の文泰福《ムンテボク》さんとすごく仲がよく、芯がしっかりした人でした。本当に残念です。

帰国した仲間のなかには、本籍が北朝鮮にある人はもちろん、韓国に本籍があっても北朝鮮に帰った人もいます。当時は北朝鮮は、素晴らしい国だと宣伝されていました。南は軍政で「対日協力者」に風当たりが強かったけれど、北の情勢がわからないままでは、私はそういう気にはなれませんでした。やがて、北朝鮮に帰った人とは、連絡がとれなくなりました。日本に残った者も、刑が軽く早く釈放された人ほど、金もなく、家族・知人もいない日本で苦労しました。

一九五三年頃に出所した仲間の兪東祚《ユトンチョウ》さんは、肺結核を患ったまま釈放され、身体検査をごまかして勤めなくてはなりませんでした。健康保険が適用される六カ月まで我慢して、それからすぐに入院し、千葉県柏《かしわ》市で療養生活を四年近く続けたのです。私は時々巣鴨刑務所から見舞いに行きましたが、他には誰も訪ねる人がいない孤独な状況でした。「釈放されてからが本当の闘いだった」と、彼は言っていました。

私は巣鴨刑務所同進会の仕事をして、出所してからは会から少しの生活費が出ていました。私が仮釈放されたのは、一九五六年一〇月六日です。世間の様子も少しはわかってきてからの出所ですから、皆より恵まれていたと言えるかもしれません。同じ日に朴貞根《パクジョングン》さんが釈放され、朝鮮人戦犯仲間の最後の出所者は、金昌植《キムチャンシク》さん。彼の釈放は一九五七年四月でした。

私が釈放時に受け取ったのは、引揚証明書と釈放証明書。それと、主要食糧特別購入切符「乙」引換券一枚、帰還手当一万円、帰郷旅費一〇〇〇円、応急援護物資一式という支給品でした。同進会の仲間が出迎えてくれて、用意してくれた洋服を着て記念写真をとりました。

そのとき私は三一歳で、一四年ぶりに「自由」の身になったわけです。しかし、釈放証明書には「二週間以内に外国人登録をなすこと」と書かれていて、常に外国人登録証を持ち歩かねばならない、とされていました。

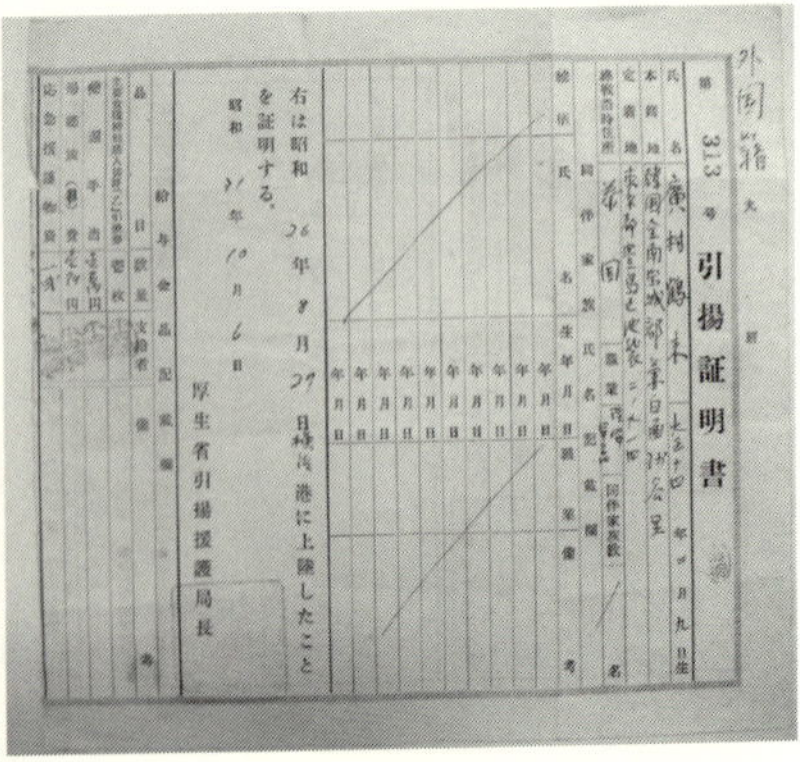
第 313 号
引揚証明書
氏名 広村鶴来
右は昭和26年8月27日 港に上陸したことを証明する。
昭和31年10月6日
厚生省引揚援護局長

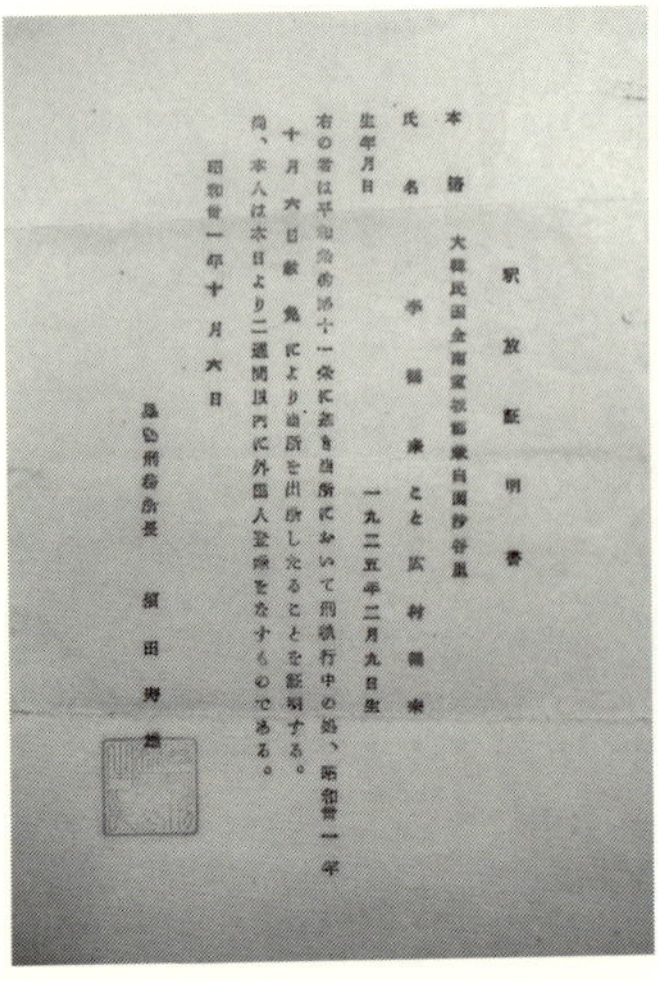
釈放証明書
本籍 大韓民国全南宝城郡
氏名 李鶴来こと広村鶴来
生年月日 一九二五年二月九日生
右の者は平和条約第十一条に基き当所において刑執行中の処、昭和卅一年十月六日仮釈放により当所を出所したることを証明する。
尚、本人は本日より二週間以内に外国人登録をなすものである。
昭和卅一年十月六日
巣鴨刑務所長

上　引揚証明書（在日韓人歴史資料館蔵）
左　釈放証明書（在日韓人歴史資料館蔵）

6 タクシー会社設立と遺骨送還運動

板橋に構えたタクシー会社同進交通（映像資料より）

二人の自殺者

先に出所した仲間たちは、「巣鴨刑務所を出ると仕事は土方くらいしかない」とか、「一日一食食えればばいい方だ」とよくこぼしていました。その現実が、一九五六年一〇月に出所した私にも迫ってきました。

生活苦と厭世観で、埼玉県にいた仲間の許栄《ホヨン》さんは首吊り自殺をし、もう一人梁月星《ヤンウォルソン》さんは狭山駅の近くで鉄道自殺をしました。梁月星さんは、刑務所にいるときから肺結核にかかっていて、出所してからは療養もできずに大変な思いをしていたらしい。

後から知ったことですが、一〇月六日、私が釈放になった後で、梁月星さんは巣鴨刑務所に私を訪ねてきたそうなのです。最後の別れのつもりだったのかもしれません。そのとき会っていれば何とかできたかもしれないと、私はとても心残りでした。彼が鉄道に飛び込み自死したのは、一〇月二〇日のことでした。

九死に一生を得て故国の隣まで戻り、そこでの長期拘留から解放されて自由の身になれたのに、その命を自分で断たなければならないとは……。この二人のことを考えると、今でも本当に辛くなります。

二人の死については警察から知らせがきましたが、お金がないから質屋に行って仲間で質草を出し合い、何とかお金を工面し葬式を出しました。

　この二人を死に追いやった日本政府への憤りは、私たちの国家補償要求の運動をいっそう激しいものにしました。

巣鴨は出たけれど

　出所した私は、職探しのため何カ所かに行きましたが、歳も三一になっていたし、韓国人だし、就職先が見つからないのです。仕方がないので同進会の仕事を続けてやっていました。同進会から少し生活費が出て、他に戦犯受刑者世話会から出所祝い金として二、三万円出たでしょうか。それやこれやが私の生活資金で、住居費は清交会が出してくれたから、私は自分で池袋にアパートを探して住みました。他の人は下北沢や保谷《ほうや》の寮に入っていたけれど、そのときはもう空きがなかったのです。

　池袋西口の三業地（いわゆる花街）にあったアパートは、交通の便が良いので仲間たちがよく遊びに来て、一緒に食事をしたりしました。一皿いくらという安い魚の頭を買ってきて、大根とグツグツ煮て食べたりしました。身でなくても、煮てしまうと不思議と同じようなものになるんですね。

　その六畳と流しだけの部屋に、一時は友達の新婚夫婦が転がり込んできて、そのときはさすがに参りました。また、同じ軍属でインテリの「先生」も居候し、その後転居した幡ヶ谷《はたや》の寮でも一緒にいたことがあります。

あの頃はどこに行くにもお金はないし、結婚式に出るにも、人に服を借りるという具合でした。どこかに行くときの電車賃がなくて困ったけれど、片道分があれば何とかなると思っていました。ポケットに金がなくても気にしなかった。あの頃はみんな貧乏だったし、今から考えると勢いある時代でもありました。

タクシー会社を作ろう

私たちの援護団体「清交会」の事務所は、丸の内にありました。韓国からの日本人引揚事業を担っていた中央日韓協会という組織があり、会長は田中武雄さん。同じ場所に清交会の事務所もあったのです。

その清交会事務所の中に、同進会の事務所も一緒に置いてもらい、私も毎日そこに通っていました。私は刑務所にいた頃から同進会の代表世話役をやっていましたが、その後は金鏞《キムヨン》さんがなり、私は事務担当をやりました。金鏞さんはとても活動的な人で、私も大変親しくしていました。

一方、就職探しは、私も、仲間たちも、なかなかうまくいきません。そこで考え出したのが、刑務所の中の職業補導で、皆、自動車免許や整備士や簿記だとかの免許を取っていたから、タクシー会社を作れば皆を吸収できるのではないかということです。金鏞さんと相談して計画を立てたのは、一九五八年頃です。

いざ準備をするといっても資金は全然ない。この窮地に救いの手を差し伸べてくれたのは、先にも話した今井《いまい》知文《ともふみ》先生でした。二〇〇万円という大金を、先生が貸してくださった。当時で二〇〇万円というのは大変な金額で、私財を抵当に入れて工面してくださったのです。そのお金で板橋に営業用地を買い、同進会の名前からとった「同進交通」の免許のためのこまごまとした申請手続きを私が行いました。

同じ頃、日本社会は、六〇年安保闘争の高まりの中にありました。タクシーの需給調整をする道路運送法のもと、景気の悪さから免許はなかなか出ず、私たちは運輸省や関係部署に、毎日のように陳情を重ねていました。清交会会長の田中武雄さんも岸首相に直接会って要請をしてくださいました。

台湾人戦犯者の関係では、彼らの支援団体「友和会」の理事を務められた末次一郎《すえつぐいちろう》さんが最も精力的に動いておられました。青少年育成団体「日本健青会」の会長も務め、沖縄返還問題でも力を発揮した実力ある方です。台湾人戦犯者らは「ペンギン」というタクシー会社を申請していましたが、どちらにも許可がなかなか下りません。

ようやく、国の政策として、駐留軍関係（アメリカ駐留軍で働き解雇された人）、シベリア引揚関係、日本人戦犯者、韓国・台湾人戦犯者などが、優先的に許可されることになり、一九六〇年七月、「同進交通」として三〇台を申請したうち、やっと一〇台の免許が下りました。

同進交通株式会社

申請をするときには計画を立て、免許が下りてから四カ月のうちに開業しなければいけません。借金して金は用意していたのに、いざ始めるという段になって、車の販売会社が「車がない」と言ってきた。実際には車はあるのに、韓国人では支払いの信用ができないということなのです。月賦払いを認めないので、結局、即金で現金を出して買わざるをえませんでした。

やっとの思いで車を揃え、一九六〇年一一月にタクシー会社を開業しました。資本金一五〇〇万円、株式総数三万株、車はたった一〇台でしたが、これからがんばらなくてはいけないという意気込みがありました。

創立時の経過から私が専務になり、社長は李大興《イデフン》さんです。李大興さんは早く出所して苦労して商売を軌道にのせていたから、少し資金を出してもらったのです。

当時、朝鮮人の戦犯仲間は六〇名いましたが、全員が株主になりました。経営者は全部戦犯仲間で、表向きの発起人としては、田中武雄さんや今井知文先生も入っていました。乗務員には日本人も雇い、全部で三〇名くらいでした。

とにかく初めてのことばかりで、会議をするといっても、すべて勉強しながらで、毎日のように泊まり込みでした。刑務所で取った免許は、その頃は自動的に大型二種の免許にもなっていて、私は夜中に整備士を乗せて故障車の現場に行ったりしました。

給料は大した額ではありませんが、とにかくこれがわれわれの会社なんだ、何か失敗したら友だちを裏切ることになる、という気持ちで必死でした。借金も返さなければいけないし、給料と、たとえわずかでも配当を出さないといけない。配当を出せるようになったのは、開業して五、六年経ってからでした。

同進交通は、同進会と一体でした。会社ができなければ、同進会はここまで仲間を結集できていなかったと思います。経済的には同進交通が支え、精神的には同進会が支えていたのです。

釈放時には着の身着のまま、単身日本に放り出された仲間たちも、六〇年代に入ると結婚し、子どもに恵まれ、貧しいながらも人並みの生活ができるようになりました。元戦犯仲間は、お互いが家族のようなものです。海に行く、温泉に行く、と言っては、何十家族も揃って出かけたのもこの頃です。

私自身は、池袋に二年くらい住んで、一九五八年に幡ヶ谷に寮が出来たのでそこに移りました。やはり六畳一間で、台所・トイレは共用でごちゃごちゃしていて好きになれませんでした。その後、同進会が都営住宅の枠をもらったので、杉並区高井戸《たかいど》の都営住宅に私も住むようになりました。

幡ヶ谷時代には、行きつけの床屋で働いていた娘さんと親しくなり、何度か外で話をしたこともあるのですが、私はどうも鈍感で、また、機会があれば韓国に帰りたいという気持ちも捨てがたく、私が高井戸に引っ越すとともに疎遠になりました。

同じ頃、田無《たなし》の都営住宅に割当てで入った仲間もいました。寮の方は、皆が落ち着き清交会の目的が達成された時点で、処分されました。

結婚話

三十半ばになってもうぶで鈍感……。そんな私が結婚したのは一九六一年です。巣鴨で出所拒否をした朴昌浩《パクチャンホ》さんの紹介で、彼の奥さんの縁戚関係の人と見合いをしたのです。名前は、姜福順《カンポクスン》。写真では、ちょっときつそうな印象に思えました。

朴さんが強く勧めるので、彼女が住む佐渡島《さどがしま》に一緒に行きました。あの頃佐渡島まで行く船はスピードも遅く、何でこんなに遠いところまで来たんだろうと思いました。着いてから彼女とお父さんと朴さんたちとで一緒に佐渡島を観光しました。家業は、吉井という町の雑貨屋というか、何でも屋。結構大きな商店で、話を聞くと、嫁さんに来てくれという話は結構あったらしい。見合いをしてみたら、写真より実物の方がいいなと感じました。

彼女の父親は全羅南道求礼《クレ》の人で、戦前大阪に渡ってきており、基盤ができたところで家族を呼び寄せました。その後戦争が激しくなり、知人を頼って佐渡島に移ったらしい。彼女は日本の学校で教育を受けているので、韓国語はあまり得意ではないようでした。

しばらくして、彼女のお母さんが東京の私の住まいを見にきました。お母さんの印象が良かったらしく、かなり娘に勧めてくれたらしい。高井戸の住宅は、六畳・三畳・台所と、それなりの広さでしたし、真面目な青年だということで安心したのでしょう。それに、彼女の方は東京に対しての憧れがあったのかもしれません。それで話がまとまりました。私が三六歳、彼女は二六歳でした。

当時、大久保に三福会館というのがあり、そこで一九六一年七月に式を挙げました。同じ戦犯仲間の朴允商《パクユンサン》さんが全部手配してくれました。朴允商さんとは年が一まわり離れていましたが、すごく気が合ったのです。面倒見がいい人で、どうやってお金を集めたかわからないけど、全部やってくれた。新婚旅行は熱海《あたみ》でした。

当時、私のように結婚式をやったのは珍しい方です。他の仲間は年齢も上だし、釈放も早かったから、きちんとした式を挙げられなかった人がほとんどでした。

オモニの死と初帰国

私の母は結婚式の四カ月後の一一月に、喘息《ぜんそく》で亡くなりました。五六

結婚式では仲間たちが祝ってくれた。今井知文先生、田中日淳先生、田中武雄さんらの姿もある（1961年7月1日）

歳でした。今なら、喘息は死ぬような病気ではありませんが、韓国の田舎では薬もありませんでした。私は日本から薬を送ったりもしていました。

軍属となり戦犯に問われたいかんともしがたい事情があったにせよ、一七歳で家を出たきり一度も故郷に帰れず、母の死に目にもあえなかった――この親不孝は、私の人生の中でも一番の悔いであり、恨みに思うことです。母の死は、亡くなった後に伝えられました。結婚することは知らせていたから喜んでくれたと思いますが、当時は電話・電報も十分ではなく、仮に容態が悪いと聞いても、すぐに帰れるわけではありませんでした。

翌一九六二年に長男が生まれました。この年、父の還暦祝いのため、少々無理をして韓国に帰りました。韓国では、還暦祝いは特別の意味を持っています。私が故郷を離れてから、二〇年ぶりの帰国でした。

当時は李承晩《イスンマン》政権で、私の経歴について韓国政府から何か言われるかと心配しましたが、私自身はそんなに政治活動をしていたわけではないし、何かあってもしかたがないと思って帰りました。当時は「アカ」だとかに関係なく、日本から行った人には必ず刑事が付いてき

1962年、父親の還暦祝いに帰国。17歳で故郷を出て20年が経過していた。後ろの中央が著者、両側に弟妹

ました。私の田舎にも、名目は挨拶だと称して、刑事が訪ねてきました。

父にとっては、死んだはずの息子が帰ってくるということで大騒ぎでした。村の人たちも、心では「対日協力者」だと思う気持ちがあったかもしれませんが、ほとんどの人は歓迎してくれました。それまで父たち家族に冷たくした人も、私の帰国をきっかけに気持ちが変わった面もあると思います。母が亡くなったこともあって、もっと早く帰ってくればよかったのにという同情もありました。

住まいは昔とそれほど変わってないけれど、食生活は変わっていました。村までバスも通るようになっていました。故郷に帰れてうれしいなかにも寂しかったのは、母が亡くなっていたからでしょう。

昔は親戚以外の家の奥さんたちとは全然付き合いがありませんでしたが、私が帰ったら母の友人たちが私の手を握って泣いてしまって、私ももらい泣きしました。自分の古い友人にも会いたいと思っていましたが、同じ年代の人がほとんど戦争などで死んでいなかったし、従兄弟も皆死んでいました。友人では、小学校に一緒に通ったのが二人と他に一人で、三人しかいなかったのも寂しかったです。

その後も韓国へは、父の顔を見るのと墓参りのために、二〜三年に一度の割で帰りました。妻を連れて行ったのは、結婚した者の礼儀として親族に挨拶に行ったときだけです。親族が田舎のオンドルの部屋に集まって、賑やかに歓待してくれました。妻もうれしかったと思いますが、不安もあっただろうし言葉が通じないから大変な面もあったでしょうね。

アボジの来日

一九六二年には佐渡の義母が亡くなりました。妻の実家では、義母がずっと店を切り盛りしていたから困ってしまい、長女である妻が実家に戻り、しばらく面倒を見ていました。幼かった子どもを連れ、一年くらいは行っていたと思います。しかし、いつまでもできないということで、そこを引き払って一族で関東に来ることになりました。

佐渡の家を売り、義父と子どもたち、つまり妻の弟妹たちみんなで埼玉に移住してきました。頼るところは私の家しかありませんから、引っ越しにあたっては私たち夫婦が取り計らいました。

私の父の方は、二回来日しています。一回目は一九七三年で、杉並区高井戸の都営住宅にいた頃。二回目は一九七九年です。

父は、植民地支配をした日本に対し厳しい見方をしていましたから、あまり来たがりませんでした。初めての来日は、日本観光に私が誘って、やっと実現しました。当時は父もまだ元気で、一週間くらい滞在して帰っていきました。

二回目のときは、いつか長男と一緒に生活してみたいというのが父のたっての願いだというので、それこそ永住してもらうつもりで来てもらったのです。現在も住む西東京市ひばりが丘に、一九七六年に移った後です。

家計をやりくりし、ここひばりが丘に新居を構えようと言ったのは妻でした。私は生活にまったく頓着がなく、事務的なことも妻が全部やってくれました。後から聞いたら、父は、「息子はりっぱな家を建ててたいした奴だ」と話していたそうです。別に自慢できるような家ではないけれど、父はすごく喜んでくれたらしい。

でも父は実際には、家に来て一カ月もするともう帰りたいと言い出しました。どんなに御馳走を作ってもだめでした。それもそのはずです。韓国で生まれ育って、祖先の墓も向こう。韓国では村の老人会の仲間といつも集まって話をしていたけれど、日本では会話は息子の私としかできない。その私も昼間は会社に行っていない。はじめは一週間くらい父のために休みましたが、そうは休めません。

父は家の近くの公園に出かけて、地面に漢字を書いてよその人と筆談したりしたらしいです。でも、それほど通じるわけはないですよね。いつだったか私が仕事から帰る時間に、ひばりが丘の駅前のベンチにじーっと座って待っているのです。私が「アボジー!」と呼んだら、嬉しそうに飛んでくる。そのときの父の顔が今も目に浮かびます。とにかく日中は退屈でしょうがなかったのでしょう。風呂も一緒に入って背中を流したり、せめてもの親孝行をしたつもりだったのですが。

あのときは、戦犯仲間もちょこちょこ顔を出してくれて、父の話し相手になってくれました。あるとき父は、「お母さんは早く亡くなって気の毒だったけれど、お母さんの分まで自分が幸せを感じられるんだな」と言っていました。父は古い人で、厳しかったから、妻へのそういう思いを口にするのは珍しいことでした。

父は今井知文先生にも会っています。息子がお世話になったからと、一緒に会いに行きました。初対面ですが先生は父と年も近いし話を合わせてくれて、私の通訳で楽しく話をしていました。あれ以来父と先生はとても親しくなりました。先生が父の肖像画を描いてくれ、その絵がいまも韓国の家に残っています。

チャンギー慰霊祭

さて、同進会の運動の話に戻りましょう。私がかねて気にしていた、戦後処刑された仲間の遺骨は、一九五五年四月、シンガポールから市ヶ谷にあった復員局に届きました。日本人の場合は遺族が遺骨を引き取っていきましたが、朝鮮人の仲間には遺族の引き取り手がないので、市ヶ谷の安置所に置いておいて、時々われわれが焼香に行きました。

ところがあるとき、遺骨がなくなっていてびっくりしました。聞くと、福岡の厚生省の世話課に持って行ったというのです。厚生省の分所のようなところです。そんな話はまったく聞いておらず、「遺骨を勝手に移されては困る」と、皆が怒りました。

それで厚生省援護局に、「自分たちで供養したいから遺骨を渡してほしい」と要請書を出しました。しかし、それはできないと言う。ならば分骨を、と要請し、池上本門寺《いけがみほんもんじ》の分院である照栄院《しょうえいいん》の住職だった田中日淳《にちじゅん》（当時は本隆《ほんりゅう》）先生も一緒に請願書を出してくれて、やっと照栄院に分骨できることになりました。これが一九五六年六月のことです。一九七一年になって、厚生省が委託した目黒の祐天寺《ゆうてんじ》に一部遺骨は安置されますが、その後も田中先生はずっと供養してくれました。

シンガポールのチャンギー刑務所で教誨師をされた田中先生は、日本に戻られても、朝鮮人・台湾人を含む戦犯者や遺族のことを常に気にかけてくれていました。

池上本門寺の照栄院では、毎年四月の第二日曜日に、「シンガポール・チャンギー殉難者慰霊祭」を行ってきました。主催しているのは「チャンギー会」。もともとは日本人戦犯者が作った「泰俘会《たいふかい》」から発展しました。泰俘会は戦犯者関係と遺族関係の集まりで、慰霊碑を建てるためにあちこち場所を探したそうです。しかし、適当な場所がなく、結局田中先生のご厚意で、照栄院の敷地内に慰霊碑を立てることができ、毎年の慰霊祭を持つようになったわけです。「チャンギー会」は当初は日本人だけでしたが、だんだん朝鮮人戦犯者も合流するようになりました。

慰霊碑には、朝鮮人・台湾人刑死者の名も刻まれています。シンガポー

戦犯刑死者を供養する「チャンギー殉難者慰霊碑」（池上本門寺）と田中日淳先生。朝鮮人刑死者の名前も刻まれている（写真：裵昭）

ルだけでなく、ジャワで刑死した朝鮮人の名前も書き入れていただきました。そうしないと、彼らが生きた証、無念の思いの記憶が失われてしまうからです。

日韓条約で行き詰まる

同進交通がなんとか軌道に乗った一九六二年に、同進会は「国家補償要請」の運動を再開しました。この年の一〇月一一日、内閣審議会は「巣鴨刑務所第三国人の慰藉について」という文書をまとめています。それは、「政府としては一般に、補償要求に応ずべき義務はない」としつつ、「在日第三国人戦犯者のおかれてきた特殊な事情にかんがみ、これらの者を慰藉するため、各種の援護の措置を講じて今日にいたっている」とあります。つまり、補償の義務はなく、なぐさめるために金を支給してやっている、もっと言えば、文句があるなら裁判でも起こせばよいとの開き直りなのでしょう。

しかし、私たち同進会は陳情をやめませんでした。一九六二、六三、六四年の間、毎月のように、ときには毎週のように政府に面会を要求して実情を訴えました。その結果、一九六四年には具体的な支給金額の検討にまで入ったのです。もうひと押しで国家補償が実現できると、皆そう感じていました。

でも違いました。窓口では、いかにも補償に応じるかのような態度を示しながら、政府は日韓条約の交渉を進めていたのです。

一九六五年一二月に「日韓基本条約」と「請求権協定」が発効しました。請求権に関しては「完全かつ最終的に解決ずみ」との見解です。私たちは自分たちの問題が、条約の中で一括解決されたと、乱暴に切り捨てられるとは思ってもいませんでした。実際、何の補償もないままです。

しかし、その条約発効以降、日本政府は面会にも応じなくなりました。補償は韓国の国内問題となったから、自国の大使館に訴えろと言うのです。

しかし「日韓条約」による「対日民間請求権」の対象は、一九四五年八月一五日以前の被害に限定されています。戦犯裁判における刑死の場合のような、戦後の死亡は、請求の対象から外されているのです。日韓両国の「政治の谷間」、戦前・戦後の「時間の谷間」に、私たちの問題は落ち込んでしまいました。どちらの政府にかけ合ってもらちがあきません。同進会の仲間はがっかりしてしまいました。

議員を通じて何度か政府へ質問書を提出したりもしたのですが、どこの役所に行っても、すべて判で押したように「日韓条約で解決ずみ」という同じ答えしか返ってきませんでした。それで思いあまって、一九七八年に遺骨送還に関する国会請願を開始したのです。

国家補償問題の交渉をやりながらもずっと気になっていたのは、われわれが生きているうちに、何としても遺骨を遺族に返したいということでした。日韓条約で行き詰っているなか、しかし二つを一緒にやっていたのでは、遺骨返還も実現できないと判断し、一九七八年に、国家補償問題を一時棚上げしてでも、遺骨返還を優先しようと切り換えたのです。

内海愛子さんとの出会い

この頃の大きな出会いといえば、何といっても内海愛子《うつみあいこ》さんとの出会いです。

私の記憶にあるのは、一九七八年春のこと。同進会の事務所に内海愛子さんと朝日新聞記者の松井やよりさんの二人が見えました。私は、それまでのマスコミの対応と同じだろうくらいの気持ちで、あまり応対に積極的ではなかった。一度は断ってしまったのです。それまでもマスコミが取材に来ていたけれど、活字になることはなかったですから。取材するなら活字にしてもらいたい、と不満をもっていたのです。

内海さんはその少し前から、インドネシア独立英雄となった梁七星《ヤンチルソン》さんについて調べに同進会を訪れていたそうです。梁七星さんも同じ捕虜監視員として南方に送られた一人だったとのことです。

内海さんが繰り返し話を聞きに来るうちに、私もだんだん信頼する気持ちが出てきました。国会請願など運動も一緒にやってくれました。国会請願まで一緒に歩く人は、仲間うちでもそうはいないなか、内海さんはそれは真剣で、若いのに私たちの面倒をよく見てくれました。そのことを今井知文先生に話したら、「俺も年だから、そんなにいい人がいるならバトンタッチしたい」と言うのです。それで、内海さんと今井先生が会うようになったのです。

内海さんは一九八〇年に、『赤道下の朝鮮人叛乱』（勁草書房）という本を、お連れ合いの村井吉敬《むらいよしのり》先生との共著で刊行されました。お二人はインドネシアに滞在しているとき、梁七星のことを知り、朝鮮人軍属がおかれた時代と運命をこの一冊にまとめたのでした。

遺骨返還運動

さて、遺骨返還運動を軸に据えたわれわれの運動ですが、今までの政府の対応を考えると、「補償」という言葉は使えません。とはいえ、「請願」では抵抗感がありました。なぜわれわれが日本政府に「請願」しなければならないのかという思いがあったためですが、しかたありません。

請願した事項は、①韓国出身戦犯刑死者の遺骨をすみやかに遺族のもとに送還すること、②遺骨の送還にあたって遺族に誠意と儀礼をつくすこと、の二つです。

日本人戦犯やその遺族たちに、政府が恩給や年金による手厚い補償を行っているのを見るたびに、せめて韓国にいる遺族にも一言「すまなかった」とわびてほしい、戦後三〇年余りも放置してきた遺族に、弔慰金ぐらい出してほしいという気持ちを強くしてきました。葬式を出し、墓を作る費用ぐらい出してもいいではないか、そんな気持ちを込めたのです。

一九七九年四、五月の国会請願には、内海さんも一緒に行ってくれました。あの頃は何かというと内海さんと相談してあちこち回りました。社会党の土井たか子衆議院議員が、特に親身になって動いてくれました。

そして、衆議院一三人、参議院一一人の議員が紹介議員となり、自民、社会、民社、公明各党の議員が名を連ねてくれた結果、六月一四日に衆議院の社会労働委員会は、請願を採択しました。

厚生省を動かす

採択の知らせを受けたときは、これで韓国にいるご遺族にも、少しは顔向けができると、本当にうれしかったです。あきらめずに運動をやってきた甲斐《かい》があったとしみじみ思いました。しかし、採択されれば行政がすぐ動く制度にはなっていませんでした。

一九七九年六月二九日には同進会の李大興《イデフン》さん、高在潤《コチェユン》さんと私の三人が、当時厚生大臣だった橋本龍太郎氏に会いに行きました。「遺骨をあんな馬小屋みたいなところにいつまでも置いておくのはけしからん。早く誠意を見せて返還してほしい」。そう要請したら、橋本さんはカチンと来てしまったらしい。

「あなた失礼じゃないですか。厚生省はきちんと安置して、毎年法要もやっているんですよ。そんなことを言うんじゃ、会ってもしかたがない」と言って、席を立とうとした。さすがにそれは同席した代議士もなだめていましたが、結局大臣は退席してしまいました。

あのときは河野援護局長とも話したが、らちがあかないのです。そうしているうちに、社会労働委員会で採択されたときの委員長だった森下元晴《もりしたもとはる》さんが、次の厚生大臣になりました。森下さんは、われわれが掛け合ったなかで一番丁重に応対してくれた人です。われわれが大臣室に行ったときも迎えに出てくれました。そうして、一九八二年の暮れに厚生大臣の詫び状を付けて、厚生省が遺骨を送還するというので、われわれも承知しました。

お金は、厚生省や政府機関ではなく、引揚者の運動に力を入れていた日本健青会から、香典として出ました。形としては政府間の問題ですから、厚生省の役人が韓国の政府関係者に渡し、それから遺族に渡されました。そのとき送還されたのは五体。同進会は現地で簡単な慰霊祭を行い、心ばかりの香典を添えました。

遺族の中には、遺骨を自分の郷里に持って帰る人もいましたが、韓国の忠清道《チュンチョンド》にある国立墓苑「望郷の丘」に埋葬した人もいます。「望郷の丘」は戦後にできた墓地で、身寄りのない人や、国の独立運動に寄与した人たちが埋葬されています。

八四年にさらに一体返還した後、残る遺骨を池上本門寺にから目黒の祐天寺に移しました。いつまでも田中先生のご厚意に甘えるわけにはいかず、日本政府が戦争被害者の遺骨を預ける祐天寺に移したのです。その後二〇一〇年に一体の返還が実現し、二〇一六年現在、祐天寺には北朝鮮出身の四体のご遺骨が安置されています。

祐天寺には、毎年一一月にお参りに行っています。昔は、骨壷を積み上げ網をかけただけの粗雑な状態でしたが、今は納骨堂にきれいに整理されています。

なお、朝鮮人のBC級戦犯者としては、アメリカ裁判を受けた軍人一名、中国（国民党政府）の裁判を受けた通訳八名の刑死者遺骨は所在が不明であり、日本政府の究明が懸案です。

同進交通の内紛

遺骨送還の進む一九七〇年代末から八〇年代初めにかけ、同進会は、その内部に大きな問題を抱えていました。どんなに苦しくても仲間たちと共に進もうという、精神的な支えとしての「同進会」と、経済的な支えとしての「同進交通」でしたが、時が経つにつれ、個々人の考えに隔たりも見られるようになってしまったのです。お金の工面のため、同進交通の株を売る人も出てきました。さまざまな利害関係や姻戚関係の力が働くようになり、それらが会社の経営に影響するようにもなってしまいました。

その動きがいよいよはっきりしてきたのが、一九八三年の株主総会でした。株が、ある人に集中してしまい、役員会で、私や私と同じ考えでいた人が追い出される格好になってしまったのです。私だけならまだしも、最有力株主まで追い出す動きがあり、このままでは大変なことになると思いました。

「株式会社」と言っても、それまでは仲間だとしか思っていなかったのが、「株式」の一票の重みを思い知らされました。対立するメンバー同士が、水面下で票を取り合うわけです。大体、私はそういう根回しは苦手でしたから、太っ腹で仲間からの信頼が厚かった文泰福《ムンテボク》さんに頼み込みました。

文さんも重い腰を上げてくれて、何名かで対策協議を重ね、一九八五年の総会では、一票差でしたが何とかわれわれの側が過半数を確保できました。しかし、その後、彼らはどうも自分たちが不利だと、今度は株をまとめて他の会社に売ってしまったのです。私たちは慌てて、急遽、知り合いの社長の協力を得て、難局を乗り切ることができました。当時、私に社長就任の要請が来ましたが、いろいろ考えて辞退しました。

二年間の「ひやめし」時代

追い出されたときは、ひばりが丘の新居に移ってほどなくの頃で、長男が大学生、次男は歯科大学にこれから入学するなど、家計的にも大変な時期でした。妻もパートで働きに出て、私も他に仕事を探さなければなりませんでした。親しい仲間や今井知文先生が大変心配してくれて、あの時ばかりは人情の有難味を心底感じました。

私は、同業の、あるタクシー会社を紹介してもらい、そこで働くようになりました。初めは金庫番をしてくれという話だったのが、実際は営業の仕事でした。今までは専務だったのが、今度は現場の仕事をするようになったわけです。

連日、当直もやったし、併行して仲間たちと集まる対策会議もやって、本当に疲れ切っていました。ある日、出勤するときに池袋で下りるのを忘れて、目が覚めるとまた最寄りのひばりが丘駅に戻っていました。電車が折り返したのもわからずに、寝こんでしまった。それでも、ここで根負けしてはいけない、私だけが苦しいのではないと思って頑張ってやりました。後で考えると、あのときの経験は本当に勉強になったと思います。二年でまた会社に戻れるようになり、ほっとしました。

『朝鮮人ＢＣ級戦犯の記録』刊行

内海愛子さんはそんな折でも、一貫して同進会をサポートし続けてくれました。

そして、私たちの境遇や要求、日本軍の捕虜政策や日本政府の対応について詳しく調べ、一九八二年に『朝鮮人ＢＣ級戦犯の記録』（勁草書房、現在は岩波現代文庫）を世に送り出しました。内海さんとわれわれが出会って、四年を経てのことです。

内海さんの本が出てから、同進会の家族たちも、初めて私たちの問題を「よく知る」ことができました。内海さんと家族たちは、同進会の総会などで会っていましたが、この本によってさらに信頼が深まったと思います。内海さんは、講演会などでも私たちの問題を取り上げてくれました。日本社会に朝鮮人ＢＣ級戦犯の問題が知られるようになったのは、内海

内海愛子先生は，私たちの運動を一貫して支えて続けてくだった（2012年11月6日、写真：裵昭）

さんの仕事によるところが本当に大きいのです。

遺骨送還問題も一定の成果をみたので、われわれは一九八三年、国家補償問題に本腰を入れることにしました。そして、「韓国出身戦犯者同進会」という厳《いか》めしい名前を「同進会」に変え、日本政府を相手にした、国家補償請求裁判に取り組むことにしたのです。

7 条理を求め裁判を闘う

国家補償請求裁判（条理裁判）を提訴。東京地裁に入廷するわれわれ原告と弁護士たち（1991年11月12日、写真：裵昭）

裁判に踏み切るまで

われわれは、国家補償の実現に向け、準備を開始しました。生きているうちに何とか無念を晴らしたいという、切羽詰まった気持ちがあったこと、方法としては裁判しかないことがはっきりしていたからです。

われわれより先に、戦死傷した台湾の軍人・軍属たちが、一律五〇〇万円の補償を求め、一九七七年に裁判を起こしています。一九八二年には東京地裁で請求棄却の判決が出ましたが、その頃は遺骨返還問題などで忙しく、あまり詳しく知りません。また、気持ちの中に、彼らの裁判を「温情金」の要求のように受け取るところもあり、あまり関心を持たなかったのでしょう。

だから、一九八七年に弔慰金法（「台湾住民である戦没者の遺族等に対する弔慰金等に関する法律」）が成立したときも、われわれにも適用してほしいとは考えなかった。私たちはどこまでも謝罪と補償を要求していました。

しかし、いざ「裁判」となると、弁護士に依頼する必要がありますが、どうしたらよいのか、皆目見当がつきません。そこで内海さんが考えてくれ、同進会の役員と相談して決めたのが、今村嗣夫《いまむらつぐお》弁護士への依頼です。

提訴前の集会での同進会メンバーとその家族。（1991年11月1日、日本キリスト教会館、写真：裵昭）

今村嗣夫先生は、一九八九年に昭和天皇が死去したとき、大嘗祭《だいじょうさい》反対を訴えて断食《だんじき》闘争をされていました。内海さんに連れられ、仲間の尹東鉉《ユントンヒョン》さんとともに断食闘争の陣中見舞いに行ったのが、今村先生との出会いです。その後、内海さんが今村先生に正式に話を持っていき、弁護団を組織してくれることになりました。弁護団は団長の今村先生のほか、小池《こいけ》健治《けんじ》、平湯真人《ひらゆまこと》、木村庸五《きむらようご》、秀嶋《ひでしま》ゆかり、和久田修《わくたおさむ》、上本忠雄《うえもとただお》各先生の、計七名です。

戦犯者一四八名の代表としての原告

韓国・朝鮮人元BC級戦犯の刑死者二三名、有無期刑一二五名の、計一四八名を代表する原告を誰にするかは、同進会の役員会で協議しました。役員をしている文泰福《ムンテボク》、李鶴来《イハンネ》、尹東鉉《ユントンヒョン》、金完根《キムワングン》、文済行《ムンジェヘン》の五名と、帰国者への対応として在韓の朴允商《パクユンサン》さん、刑死者代表として卞鐘尹《ピョンジョンユン》さんの息子の卞光洙《ピョングァンス》さんと決まりました。原告の七名は、あくまでも戦犯者全員を代表しているのだということです。

裁判が始まる直前、私たちは大切な仲間を相次いで亡くしました。一九九一年八月三日、出所拒否を闘った朴昌浩《パクチャンホ》さん。同じく八月二二日、戦犯とされたショックで戦後ずっと精神病院で過ごした李永吉《イヨンギル》さん。

朴昌浩さんは闘病生活を送っていましたが、これから裁判を闘うわれわ

李永吉さんの葬儀。戦犯となったことで精神を病み、戦後の40年を精神病院で過ごし生涯を終えた（1991年8月28日、写真：裵昭）

れを励まし、後を託して亡くなりました。李永吉さんは、私たちが見舞いに行った際も、夏の花火を艦砲射撃と勘違いしおびえることもありました。軍隊で三年、戦犯として六年、精神病院に実に四〇年。台無しにされた彼の人生についても、日本政府の責任を問うていきたいと決意しました。

「条理」に基づく裁判

法律には「国家補償法」というのはありませんから、今村先生らの考えで、「条理」に基づき補償要求をしようということになりました。国家の行為によって特別の犠牲ないし損失を被った者に対しては、たとえそのための立法を欠くとしても、正義公正の原理(＝条理)に基づき、国がその損失を補償すべき義務を負う場合がある、との主張です。

裁判が始まる前までに、何回打ち合わせをやったかわかりません。原告ごとに弁護士の責任者が決められ、いつも夕方から夜遅くまで、何度も何度も話を聞かれました。時には、「冗談じゃない、戦犯裁判を繰り返すならやりたくない」と言い合いになるほどで、弁護士の先生方も、「それは違う。相手に知ってもらうためには必要なんだ」と必死でした。われわれは疲労困憊《ひろうこんぱい》しましたが、先生方が一生懸命やっているのに、われわれがバテるわけにはいかないと思い直してがんばりました。

裁判の支援会、「日本の戦争責任を肩代わりさせられた韓国・朝鮮人ＢＣ級戦犯を支える

●7人の原告のプロフィール

文泰福（ムン・テボク）
1923年7月27日、全羅南道求礼郡生まれ。タイ俘虜収容所勤務。泰緬鉄道工事現場（クリアンクライ等）で捕虜監視員。1946年8月22日、イギリス裁判で死刑判決、100日間を死刑房で過ごした後、懲役10年に減刑。1952年4月8日仮釈放。日雇い労働等さまざまな仕事を経て、廃棄物処理業を営む。（1998年2月2日死去）

李鶴来（イ・ハンネ）
1925年2月9日（旧暦）、全羅南道宝城郡生まれ。タイ俘虜収容所勤務。泰緬鉄道工事現場（ヒントク等）で捕虜監視員。1947年3月20日、オーストラリア裁判で死刑判決。8カ月を死刑房で過ごした後、懲役20年に減刑。1956年10月6日仮釈放。同進交通役員。

尹東鉉（ユン・トンヒョン）
1922年11月5日、全羅南道康津郡生まれ。マレー俘虜収容所勤務。北スマトラの軍用道路建設現場で捕虜監視員。1947年11月10日、オランダ裁判で懲役20年の判決。1950年の仮釈放命令を拒否し、ハンストを行い、翌51年1月6日仮釈放。同進交通に勤務。（2004年1月死去）

文済行（ムン・ジェヘン）
1922年4月11日、全羅南道和順郡生まれ。ジャワ俘虜収容所のほか、民間人抑留所・東部防衛隊など、契約外の勤務を強いられる。一度釈放後、1947年11月、オランダ裁判で懲役10年の判決。1951年8月8日仮釈放。（1998年11月13日死去）

金完根（キム・ワングン）
1922年6月23日、全羅北道完州郡生まれ。ジャワ俘虜収容所勤務。インドネシア・アンボン島等の飛行場建設現場で捕虜監視員。上官からの虐待に苦しめられる。1946年7月26日、イギリス裁判で懲役10年の判決。1952年3月6日仮釈放。日雇い労働等さまざまな仕事を経て、民団勤務。（2012年7月8日死去）

朴允商（バク・ユンサン）
1914年1月15日、忠清北道鎮川郡生まれ。ジャワ俘虜収容所に勤務。空襲で重傷を負う。1948年2月25日、オランダ裁判で懲役15年の判決。同年、郷里の妻が、一児を残し入水自殺。1954年3月18日仮釈放。同進交通に勤務。1984年に韓国へ永住帰国。（1997年4月18日死去）

卞光洙（ピョン・グァンス）（卞鐘尹氏遺族）
卞鐘尹＝1920年忠清北道清州郡生まれ。ジャワ俘虜収容所勤務。1947年5月1日、オランダ裁判で死刑判決。9月5日銃殺刑。下光洙＝1941年生まれ。1歳のとき、父親が捕虜監視員に。筆耕（清書屋）など苦労して学業を修め、韓国で農業高校教師。

会」は、一九九一年に結成されました。事務局は田口裕史《たぐちひろし》さん、高橋優子さん、高幸仁《コヘンイン》さん、大山美佐子さん、林るみさんら、当時二〇代のみなさんが主に担ってくれ、ほかに元特攻隊員だった岡安十三二《おかやすとみじ》さん、キリスト者の中川正子《なかがわまさこ》さん、田村典子さんら、幅広い経験の持ち主も集まってくれました。会議はほぼ毎週で、皆、昼間はそれぞれ仕事をしていますから本当に大変だったと思います。傍聴の呼びかけ、ニュース発行、資料集作成等、真剣に取り組んでくれました。

九〇年代初め、放置され続けてきた日本の戦争責任は、戦後半世紀近くを経て、従軍慰安婦、強制連行、傷痍《しょうい》軍人、シベリア抑留、被爆者等々、さまざまな問題として噴出していました。元「慰安婦」だった金学順《キムハクスン》さんの実名での訴えも、日本社会に衝撃を与えました。日本政府を相手どっての裁判提訴が相次ぎました。

戦後一貫して日本政府に謝罪と補償を求めた私たちの裁判も、そのうねりの中にありました。高校の日本史の教科書にも、われわれが提訴したことが載りました（一九九五年度使用『高校日本史B』実教出版など）。

いよいよ証言台に

東京地裁への提訴は、一九九一年一一月一二日。この日は、四四年前に行われた「東京裁判」でA級戦犯らに判決が下された日でもありました。

提訴の概要は、

①条理に基づく損失補償請求
②債務不履行に基づく損害賠償請求
③不法行為に基づく謝罪文交付請求
④補償立法不作為の違法確認請求

です。

公判の冒頭は、弁護団によって訴えの総論的な内容が綿密に立証されました。一九九三年一月の公判（第六回）では、検証物として提出したビデオ「チョウムンサンの遺書」（NHKスペシャル、一九九一年八月一五日放送、ディレクター桜井均《さくらいひとし》）を、法廷で上映することができました。趙文相《チョウムンサン》さんは泰緬鉄道の現場にいましたが、英語が達者で、通訳のような役目でもありました。戦犯裁判の折、クリスチャンとして自らに罪がないわけではないことを認め、死刑判決を受けました。処刑の少し前まで、長い遺書を書いています（巣鴨遺書編纂会『世紀の遺書』に収録）。

裁判はその後、原告七名の本人尋問に入りました。

私は本人尋問の一番目として、一九九三年七月（第七回）と一〇月（第八回）の公判に立ちました。証言台に立って宣誓した後に、二時間立ったままで証言をしました。裁判長から椅子に座るように言われましたが、自分の気持ちとしては、座って述べるようなことではないと思っていましたから、そのまま証言を続けました。

戦犯に問われた因果関係や、日本政府の不条理について主には以下のような点を述べました。①「募集」というが、半ば強制的な圧力の結果であったこと、②二年間の契約であったのにそれが守られなかったこと、③軍務中の責任を肩代わりさせられたばかりでなく、ポツダム宣言第一〇条、サンフランシスコ平和条約第一一条により、「捕虜虐待の罪」が朝鮮人監視員に問われる捕虜政策をとったこと、④青春も生命も奪い、戦後処理においても犠牲を強いながら、援護については国籍条項を理由に「外国人」として排除する差別的待遇、などについてです。終わってからみなさんが「気迫があった」と言ってくれました。

しかし国側のメンバーは、ただ事務的に座っているだけで、別の公判のときには居眠りをしている者もあり、国側のあの若い人たちが何を考えているのか、問い詰めたかったです。

怒りを抑えて——文泰福《ムンテボク》さんと尹東鉉さん

二番目に立った文泰福さんの証言は、一九九四年一月（第一〇回）でした。彼は、村一番の裕福な家に育ち、学力・体力とも優れた少年でした。しかし、小学四年のときに、朝鮮語の使用禁止と創氏改名を押しつけられ、日本の中学校でも競技に勝つたびに、「なんだこの朝鮮人は」と踏んだり蹴ったりされたと、当時の体験を具体的に証言しました。そして、戦後、戦犯として死刑判決を受け、「何のために死ぬのか」と、のたうち悩み、覚悟ができた頃に減刑です。減刑になっても、即座に喜ぶ気持ちにはならなかった、と述べました。その部分は私もまったく同じ思いでした。

一九九四年四月（第一一回）には、心筋梗塞《しんきんこうそく》を患いニトログリセリンを手放せない状態の尹東鉉《ユントンヒョン》さんが、無理をおして出廷しました。「私の人生は日本のためにまったく狂ってしまった。私の上官だった日本人三人は、戦犯にならなかったどころか、巣鴨に収監されてから面会に来たりした」と、怒りを抑えて証言しました。

同じ日に証言に立った文済行《ムンジェヘン》さんは、いつもの杖をつきながら法廷に立ち、凜《りん》とした声で尋問に答えていました。文さんは捕虜監視員になる経過について、「自分が募集に応じた最大の理由は、面（村）役場の嘱託の日本人が、われわれを馬鹿にした態度をとっていて嫌気がさしていたからであり、また、応じなければ家族にどんな嫌がらせがくるかわからなかったからです」と述べています。

彼は普段から、良識的で一本筋が通った考え方を持っていて、難題に直面しても冷静に判断できる人でした。残念ながら、その後入院され、すべての尋問を終了しないまま判決を迎えてしまいました。

金完根さんのタオル

一九九五年三月（第一二回）に行われた金完根《キムワングン》さんの証言も、とても重要なものでした。

金さんは、物証として、自ら記した「獄中日記」と、シンガポールのオートラム刑務所で使っていた認識番号入りのタオルを提出しました。タオルは茶色にくすんでボロ布のようでしたが、「L508」という番号はしっかりと判読できました。苦しい時には当時のことを思い出し耐えるため、戦後も大事に保管してきた、と言っていました。

子どもの頃の体験も貴重でした。民族意識を持った信念のある牧師さんに勉強を教わってきたこと。その牧師が、夜子どもたちを山に集めて「朝鮮独立万歳《チョソントンニップマンセー》」と皆で叫んだこと。しかし、彼は突然姿を消してしまい、村の人たちが「日本官憲に逮捕されたのだろう」と話していたことを聞き、金完根さん自身が恐怖心と共に、心に傷を負ったことなどが話されました。

金完根さんの家族は、裁判と報告集会にも揃って参加していましたが、今まで、金さんの生い立ちや苦労をほとんど聞かされてこなかったそうです。報告集会で家族は、「今日はっきりと、裁判を始めた意味を感じました。親父を誇りに思います」と語っていました。胸が熱くなる思いがしました。私も家族に対して、面と向かってはなかなか話してこられませんでしたから。家族が理解してくれることは、本当にうれしいことなのです。

自分の無知を悔いる朴允商さん

原告の中では最高齢で、韓国に永住帰国されていた朴允商《パクユンサン》さんは、一九九四年一〇月（第一三回）に、証言のためにわざわざ来日されました。朴さんの奥さんは、四七年に夫が戦犯の判決を受けたショックと、周囲からの「対日協力者」という非難に耐えられず、入水自殺してしまいました。証言ではその苦渋の経過が語られました。そして、捕虜監視員になった自分自身を振り返り、「馬鹿だった」と言っています。日本の当時の教育に染められ、日本のために一生懸命努めた自分の無知が「悔しい」というのです。その言葉は、まさにわれわれ原告の共通した思いでした。

戦犯者遺族を代表する卞光洙《ピョングァンス》さんは、一九九四年一二月（第一四回）の証言の冒頭で次のように述べました。

「尊敬する裁判長様。私は法廷に立ちまして、裁判長にお会いして厳粛な気持ちでいます。夢多く、純白であった若い父が、戦犯という汚名を着せられ極刑である死刑になったということ、その霊魂を追い求め五四歳の年老いた息子が、血を吐くような悲痛な心を霊前に捧げなければならないこと、その事実をよくお考えのうえで審理されることを固く信じています」

卞さんの真摯な言葉が法廷に響きわたりました。

卞光洙さんは、韓国で学校の教師をしながら、太平洋戦争犠牲者遺族会の全国副会長としても活躍していました。その立場から、「裁判は歴史を掘り起こす場です。……歴史を知らない人は未来を正しく見つめることはできない。未来志向的な方向へ早く進んでいくことを裁判の場で明らかにしていきたい」と訴えています。

心強い証人・阿部宏さんと内海愛子さん

証人尋問には、泰緬鉄道の鉄道第五連隊で小隊長をしていた阿部《あべ》宏《ひろし》さんと、内海愛子さんが立ってくださいました。

阿部さんは、戦犯となり死刑判決を受けた後、減刑されました。チャンギー慰霊祭にも毎年いらしていましたが、日本人戦犯が多数のなか、私たち朝鮮人戦犯の受けた不条理を深く理解してくださる方でした。

阿部さんは、当時の工期短縮下での泰緬鉄道建設の様子や、日本軍が捕虜をどう扱っていたかを証言くださいました。さらに洪起聖《ホンギソン》（死刑から後に減刑）、金貴好《キムキホ》（死刑）、趙文相《チョウムンサン》（死刑）各氏との、死を目前にしたチャンギー刑務所での交流の様子を、生々しく語ってくれました。阿部さんは、趙文相さんと親交を深め、阿部さんに宛てた趙文相さんの遺書も残っています。

内海さんは、原告の証言を体系的・学問的に裏づけてくれました。本当は日本政府が行うべき調査を、黙々と継続してこられました。これほど心強い証言はありませんでした。

憤懣やるかたない地裁判決

提訴から四年が経過。一九九六年二月一九日に結審し、五月二〇日判決の予定が、直前になって理由なく延期され、九月九日判決となりました。私たちは緊張しつつも期待を抱き、判決を待ちましたが、下された判決は、「請求は棄却する」というものでした。「原告の被害は日本国民が等しく受忍すべき戦争犠牲ないし戦争被害と同視すべきものであり、「特別の犠牲」とは言えない」との「受忍論」です。

それを聞いたとき、私は、「日本国民と同じく我慢せよ」なんて冗談ではない。裁判官には自分の判断はないのかと思いました。法律家や裁判所は、司法の立場から、こうあるべきだと判断を示す存在なのに、国のかたくなな考えを追認しているだけではないですか。

原告は皆一様に、この怒りをどこにぶつけたらいいのか、憤懣《ふんまん》やるかたない思いを抱いていました。長い闘いの末、司法の良識に委ねるしかないと、一縷《いちる》の望みを託してきたのですから。判決を聞きに韓国から来日した刑死者遺族の朴粉子《パクブンジャ》さん（故朴栄祖《パクヨンチョウ》さん長女）は、泣き崩れてしまいました。

ただ、判決の最後には、「わが国の元軍人軍属及びその遺族に対する援護措置に相当するような措置を講じることが望ましいことはいうまで

地裁では請求棄却の敗訴判決（1996年9月9日）。「不当判決　司法に条理なし」の幕を持つのは大山美佐子さん、題字は岡安十三二さん（写真：裵昭）

もない」と言及し、辛うじて政府・国会に補償立法を促してはいました。

われわれ原告団をはじめ、弁護団、支える会は、最悪の判決の場合も予想していましたので、ただちに声明文を発表しました。各新聞社も、社説などで、「旧植民地の住民を含めた外国人に対する戦後補償問題に、もっと真剣に対応しなければ、国際社会での日本人の道義心が疑われる」などと報道しました。

「象徴的補償」に変更して

地裁判決は、われわれにとってまったく承服できない内容でしたから、ただちに控訴しました。

控訴にあたっては、訴えの内容を少し変更しました。それは、条理に基づく国家補償請求は、「象徴的補償」としての請求であること、補償額は一人当たり少なくとも、二〇〇万円を下らないこと、さらに謝罪文を交付せよというものです。これまで一人ひとりの拘束日数により、一日五〇〇〇円の割合で算定していた請求額を、一律二〇〇万円に変更したのです。

この変更に関しては、今までの経緯がありましたから、私も含めて原告たちは、どう考えたらいいのかと悩みました。しかし、弁護士団から、「象徴的補償」の意味するところは、台湾出身の元日本兵の戦傷病者に対する特定弔慰金の二〇〇万円や、その基になったアメリカやカナダの日系人強制収容への補償が一律一人二万ドルとなった経過を参考にした、憲法上の権利の侵害に対する補償なのだと、丁寧な説明を受けました。それで、われわれの主張の趣旨からいっても、それと具体的に実現可能な要求という意味でも、必要な選択だと納得できました。

控訴審は、一九九七年二月二四日の第一回から、一九九八年二月二五日の第五回まで行い、七月一三日の判決となりました。この間、証拠として提出したビデオ「朝鮮人BC級戦犯の記録」（本橋雄介《もとはしゆうすけ》さん制作）を法廷で検証し、裁判長も熱心に見ていました。しかし、判決は一審に引き続いて、ふたたび退けられてしまいました。

「付言」判決という前進

この控訴審判決は、文字にして数行しかない主文を読んだあと、「棄却する」と言い渡して終わりました。あまりに呆気ない事態の進行で、体の不調をおして出廷した文済行《ムンジェヘン》さんは、ショックで具合が悪くなってしまったほどです。

しかし、判決文の仔細な検討をした弁護団は、裁判所は原告が訴えた歴史的事実をおおむね認め、付言で「早期の立法措置が期待される」と言い添え、地裁よりさらに一歩踏み込んだ内容になっており、その点評価できる内容だと判断しました。

即座には理解しがたい内容でしたが、いろいろな人の話を聞き、またその後の新聞の掲載記事などを見て、少しずつ理解が進んでいきました。

この判決の前の四月二七日に、山口地裁下関支部における「慰安婦」判決が、政治の怠慢にペナルティを科し国会議員に速やかな補償立法を促しました。また六月二三日には、韓国志願兵恩給請求訴訟判決が、国の補償政策の不備を指摘し、立法解決を促しています。それらとちょうど軌を一にした司法の判断でした。新聞各紙も、「立法府の怠慢を再び警告」と報道しました。

最高裁でも敗訴

私たちは、「運用できる法律がない場合は条理によって判断すべき」という主張を、最高裁の場で再度貫くために、一九九八年七月二四日に上告しました。しかし、公開弁論もないまま、一九九九年一二月二〇日、不当にも棄却の判決を下したのです。

最高裁は、「立法措置が講じられていないことについて不満を抱く上告人らの心情は理解し得ないではないが、このような犠牲ないし損害について立法を待たずに戦争遂行主体であった国に対して国家補償を請求できるという条理はいまだに存在しない。立法府の裁量的判断にゆだねられたものと解するのが相当である」としています。

日本政府に対する長年の請求運動、八年間にわたった裁判運動のなかで、これほど無念なことはなく、司法に対して失望しました。刑死した仲間の無念を晴らすことも、名誉回復をすることもできないのです。

しかし、失望してあきらめるわけにはいきませんでした。この裁判の中で得たことも確かにあります。裁判を契機に、私たちの問題はかなり広く日本国民に知られるようになりました。また裁判所も、被害を認定した上で立法措置を促しています。ならば、もう一度、国会への立法運動を組み立て直し、目的を達成しよう。残る力を振り絞り、そう決意したのでした。

八年間の裁判闘争のなかには、さまざまな成果がありました。一方、提訴のとき六六歳だった私も、最高裁判決時は七四歳。多くの仲間を見送りもしました。印象に残るいくつかを書きとめることにします。

同進会会員の「晴れの場」

公判の日は支援者らが大勢集まり、毎回抽選で傍聴者が決まります。私は原告なので、弁護団と打ち合わせをしたり、法廷にも当事者として入廷するので、傍聴までの様子はよくは知らないのですが、原告以外の同進会のメンバー、つまりわれわれの仲間やその奥さん、子どもまで、毎回十数名は集まったと思います。

もともと家族のように助け合って生きてきた仲間たちでした。しかし、妻や子に自分の体験をきちんと話した人は少なかった。この裁判は私た

同進会と支える会のみなさんとの交流会。私の聞き書きをしてくれた労学舎のみなさんも一緒に(1999年8月1日、於東京・田無、写真:同進会を応援する会)

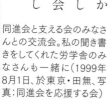

ちの歩みを何より家族に伝える機会となりました。

　また、裁判は、何カ月かに一回、同進会メンバーが集う、晴れの場でもありました。お互いの安否を気遣い、言葉を交わし、証言に耳を傾け、報告集会に参加する。終了後は、弁護士の先生や「支える会」のみなさんと、食事をとりつつ話をしたりと、充実感のある取り組みとなっていたと思います。

泰緬鉄道への「慰霊の旅」

　裁判の証拠として、ビデオ「チョウムンサンの遺書」が上映されたことはお話しました。制作にあたったのは、七〇年代から付き合いのあるＮＨＫのディレクター桜《さくら》井《い》均《ひとし》さん。一九九一年の八・一五の終戦記念日に、ＮＨＫスペシャルとして放送されました。

　その番組制作にあたり、七月九日から一〇日間ほど、私と文泰福《ムンテボク》さんが泰緬鉄道現地の取材に同行しました。本当は二度と行きたくない場所でしたが、大勢の人が亡くなった場所でもあります。また、テレビを通して、われわれの立場を理解してもらえればと思って出かけたのです。

　ＮＨＫの事前の手配があったので、普通は通れない軍用施設の中を通ったりしました。私が収容されていた、チャンギー刑務所にも行きました。怨みつらみなしには思い出せない場所です。死刑囚として過ごしたＰホールは見られませんでしたが、特別に入らせてもらった刑務所の中は、あまり変わっていませんでした。チャンギー刑務所では、いろいろな思いがわいてきて、感傷的になりました。

泰緬鉄道の工事現場や「クワイ河橋」のほとりも歩いて、日本人墓地の一画にある刑死者の墓参りもしました。カンチャナブリの六千数百基の連合国捕虜の墓地と祈念塔に献花し、ご冥福をお祈りしました。私にとっての「慰霊の旅」でした。

オーストラリアへの「お詫びの旅」

ちょうど同じ年の八月一九、二〇日、オーストラリアのキャンベルで泰緬鉄道に関するシンポジウムが行われ、私も参加しました。これは、生き残ったオーストラリアの元捕虜六人と、日豪の若い世代の研究者が、泰緬鉄道現場で何があったかを明らかにして、時の流れをこえて互いに理解し合うことを目的としたものでした。

参加予定の元捕虜の中には、私が死刑宣告されたときの告訴人だった、エドワード・ダンロップ氏もいました。私は、かなり以前から、内海愛子さんから参加の誘いを受けていたのですが、昔の捕虜と会うことには非常に複雑な思いがして、実のところずっと行く気になれなかったのです。

ところが、先の番組のNHKの取材班が、事前にダンロップ氏にも会いに行き、彼の話を聞いてきたと言う。「コリアンガードのヒロムラ」の話をしたら、ダンロップ氏が、「彼が死刑判決まで受けていたことはまったく知らなかった。気の毒なことをした。何か自分にできることがあったら力になりたい」と言ったそうなのです。彼がそう言っていると聞いたときは、本当に感動しました。私も彼に会ってお詫びをしようと考えるようになりました。

一方で、戦争裁判の結果、大勢の朝鮮人の仲間たちが死刑になったわけですから、私が行って謝っていいものかどうか、躊躇《ちゅうちょ》する気持ちもありました。当時のわれわれは、軍人の系列で言えば、一番下の軍属傭人でした。しかし、加害者側の一人であったことに間違いないわけです。だとしたら、やはり私にも責任があると思いました。シンポジウムに行くというより、ダンロップ氏に会うつもりで内海さんに同行しました。

現地に行ってみると、「慰霊の旅」のときと違って、オーストラリアには開放的な印象をもちました。住宅の敷地も広大で、ここまでが自分の敷地だという境界線もはっきりしないのではと思いました。

シンポジウムの参加者は四〇人くらいだったと思いますが、大学の教授らしい韓国人も来ていました。シンポジウムに出席するからには、私も何か一言言わなければいけないだろうと、心の準備はしていました。

一日目に私も発言することになり、私は、「加害者の一人として一言謝罪したい」と、ま

「和解の旅」にてダンロップ氏（中央）と（1991年8月、於オーストラリア・キャンベル、写真：内海愛子）

ず言いました。そして次に、「私もひどい思いを味わった」と言ったら、「人のせいにするのか、お前自身はどうなのか」とも言われました。元捕虜たちの、すごく厳しい雰囲気を感じました。

二日目はダンロップ氏も出席したので、挨拶して握手を交わしました。次の日、彼は、シドニーにある自宅に迎えてくれて、「あなたのことはすでに許していました」と言ってくれました。私は、日本からの土産として、彼のために懐中時計を用意していきました。その時計の裏には「No more Hintok No more War」と彫ってもらい、それを渡しました。

彼は、自身の著書 *The War Diaries of Weary Dunlop* に献辞を書いて贈ってくれました。私が、祖国に帰れず日本にずっと住んでいると言ったら、彼は驚いて、自分にできることはないかとも言ってくれました。日本に帰ってから、彼と二〜三回手紙のやりとりをしましたが、そのたびに「時計を大切にしている」と、書き添えてありました。

彼は、再会から二年後に亡くなりました。改めて、あのときに会って和解ができて、本当によかったと思います。私はこの旅は、「お詫びの旅」だったと思っています。

彼は遺言で、自分の遺灰の一部をヒントクの工事現場に撒いてほしいと、言い残したそうです。死ぬまで、亡くなった仲間のことを考えていたのです。

私が帰国してオーストラリアのことを報告したら、文泰福さんはとてもうらやましがり、「俺も英国の捕虜の会長に会って、一言謝りたいなあ」と言っていました。文泰福さんがいた分所は英国人捕虜がいたところで、「彼らは、自分たちは一等国民だという意識を持っていたせいか、オランダやオーストラリアの捕虜と比較しても、とにかく厳しかった」とも言っていました。結局元捕虜に会わないうちに文さんは亡くなってしまったけれど、あの当時のことを考えると、皆それぞれ、詫びたい気持ちはあると思います。

二つの旅を終えて、私の心の重荷が少し軽くなり、一段落ち着いた気がしました。この旅は、過去への反省と、平和・反戦の誓いを新たにする機会となりました。

このシンポジウムの内容は、『泰緬鉄道と日本の戦争責任』（明石書店）という本にまとめられ、一日目に私が話した内容や、ダンロップ氏の発言も収録されています。また歴史資料として、私がスガモ・プリズンで書いた『私の手記』からチャンギー刑務所での体験部分、また、ダンロップ氏の戦犯裁判での宣誓供述書も収録されています。

日韓での「写真展」開催

裁判の傍聴や報告集会、会報の発行、署名運動と、「支える会」はさまざまな活動を展開しました。そして、戦後五〇年の一九九五年、日本と韓国で同時開催する「韓国・朝鮮人BC級戦犯者写真パネル展」を開催することができました。

捕虜監視員が募集された背景や、収容所の実態、日本軍の捕虜政策、戦犯裁判から戦後の生活まで——。写真や様々な資料を展示し、私たちの訴えに少しでも理解と関心を寄せてもらうのが目的でした。

一九九五年一一月二四～二六日に開いた東京の中野区の会場には、五〇〇名以上の方が、一二月一〇～一二日の韓国の清州《チョンジュ》市の文化センターの会場には、三〇〇名以上が来場してくれたそうです。

特に、韓国で開催できたのは、非常に大きな一歩でした。韓国では、戦犯者に対して、「対日協力者」との冷たい視線が向けられてきました。その地で、私たちの苦難を伝える企画ができることに感慨を抱かずにはいられません。パネル製作には、大学院生だった小塩《こしお》海平《かいへい》さんら若いスタッフが奮闘。留学生の奇貞旼《キジョンミン》さんが韓国語への翻訳作業をがんばってくれました。私は韓国へは同行できませんでしたが、原告の金完根《キムワングン》さんが行ってくれ、支える会のスタッフほか十数名が韓国に渡りました。

韓国での開催地の清州は、原告の一人として名を連ねている卞光洙《ピョングァンス》さんの地元。彼は、人権問題に取り組んでいる地元の若い人たちに声をかけてくれ、展示や運営も、彼らと共同作業で進めるなど、会の成功のため大変尽力してくれました。韓国の新聞記者も熱心に取材し、原告のインタビュー記事が地元の新聞に大きく掲載されたことも、大きな成果でした。

韓国在住の原告・朴允商《パクユンサン》さんも会場に来てくれ、来場者に当時の状況を直接語りかけるなどしてくれました。「戦犯者展」のときの彼の活躍を、記録ビデオで見ましたが、実に生き生きとして、とてもよい表情をしていました。戦犯者問題を、陽の当たるところで堂々と話すことでき、その喜びがあったのだと思います。

パネル展はその後、一九九八年一二月、朴昌浩《パクチャンホ》さんの長男朴来洪《パクネホン》さんが中心になって、当事者が多く住む田無《たなし》（西東京市）でも開催されました。理解は着実に広がっていきました。

今井先生、そして仲間の死

われわれの恩人であり、父のように慕っていた今井知文先生は、裁判の行方を心配しつつ、一九九六年一月二六日、九三歳で亡くなられました。

私は心からの感謝を弔辞に込めました。

「先生は何時も「この度の戦争で一番馬鹿を見たのは貴方たちだ。日本人の一人として大変申し訳ない。私が出来ることがあれば何でも努力したい」という終始一貫したお考えでありました。先生は、私たちがよくなることをわが子がよくなった以上に喜んでもくださいました。身寄りも知己もない私たちは、先生の温情に余りに甘えてしまった嫌いもありましたが、世間知らずの三十歳代の私たちを快く育成して下さった父親的な存在でもありました。……私たち戦犯仲間が今日、異郷の地で平穏な生計を営み得ることが出来るのも、先生のご仁徳によるもので、その恩義は終生忘れることは出来ません。……」

私は今井先生の事蹟を何か形に表したいと思い、奥様のよしのさんにご相談しましたが、「いいですよ。そっとしておいてください」ということでした。立派な碑などが立つより、私たちの心に残っていく方が、今井先生の供養にはふさわしいのかもしれないと、その時は思いました。

私たちの仲間も、それぞれ年を重ね、亡くなる人が出てきたことは本当に寂しいことです。一九九七年四月には、韓国の朴允商《パクユンサン》さんが、一九九八年二月には、原告団長だった文泰福《ムンテボク》さんが亡くなりました。私は文さんをいつも頼りにして、何かあると相談を持ちかけてきました。同進交通の危機を救ってくれたのも文さんでした。ですから、さすがにあのときは、がっくりと肩の力を落とす思いでした。

同年一一月には、かねて体調のすぐれなかった文済行《ムンジェヘン》さんも逝ってしまいました。

原告以外の仲間も、何人も亡くなりました。同進会の当事者会員は、最高裁判決の時点で一九人。この先どれだけ闘えるか、不安はありましたが、無念のうちに亡くなった仲間のことを思うと、生き残った私たちが何とかしなければ、という思いは強く、次なる闘いへと進むことにしたのです。

8 日本政府の対応を求め立法運動へ

日本政府の立法措置を訴える（2014年10月22日、於参議院議員会館、写真：同進会を応援する会）

立法運動の展開

一九九九年一二月の最高裁判決を受け、われわれはもう一度立法運動に取り組む決意を固めました。裁判支援のための「日本の戦争を肩代わりさせられた韓国・朝鮮人ＢＣ級戦犯を支える会」は、立法運動のための「韓国・朝鮮人「ＢＣ級戦犯者」の補償立法をすすめる会」（以下、「立法をすすめる会」）へと移行しました。共同代表は、三木睦子《みきむつこ》さん、今村嗣夫《いまむらつぐお》先生、内海愛子先生の三人です。

条理裁判弁護団長の今村嗣夫先生は、われわれの裁判でも用いた「象徴的補償」という考えをさらに押し進め、一九九五年段階で、「外国人戦後補償法（試案）」を数名の弁護士と共に発表されていました（今村嗣夫・鈴木五十三・髙木喜孝『戦後補償法』明石書店、一九九九年）。裁判を闘いながらも、立法化が視野にあったのだと思います。

立法をすすめる会は、常任世話人と呼ぶメンバーを中心に活動を展開しましたが、その一翼を担ってくれたのは、私がスガモ・プリズンから通った「中央労働学院」で共に学んだ、柴田裕治《しばたひろじ》さんでした。当時は特に交流もないままでしたが、内海さんの『朝鮮人ＢＣ級戦犯の記録』などで私の詳しい事情を知り、裁判にも足繁く通ってくれていたのです。

柴田さんは「労学舎《ろうがくしゃ》」という市民団体を東京目黒《めぐろ》で主宰し、歴史を学んだり、生活記を書いたりする活動をされています。私の聞き書きもしてくれ、労学舎発行の『生き活き通信』

一九九八年六月号〜一九九九年六月号に「サラオンキル（生きてきた道）」として九回にわたり掲載されました。聞き書きチームにいた桜井小夜子《さくらいさよこ》さんも加わってくれました。

裁判を支えた若手スタッフは、それぞれ中堅になり、仕事や家庭環境の変化で、以前と同じようには来られなくなった人が増えましたが、研究者への道を歩み始めた岡田泰平《おかだたいへい》さんらが変わらぬ支援をくださいました。同進会の二世では、朴来洪《パクネホン》さんが使命感をもって取り組んでくれています。

しかし、立法をすすめる会の運動は、それぞれの気持ちは熱く、理解を示す国会議員の先生方の尽力で法案の具体化にまで至ったにもかかわらず、少なからぬ紆余曲折《うよきょくせつ》がありました。少々複雑で、私自身も自分からの見方でしか書けませんが、経緯を書いておきましょう。

石毛えい子先生と法制局一次案

今村先生は、先の「外国人戦後補償法（試案）」に続き、二〇〇一年、「旧植民地出身者である「BC級戦犯者」の遺族等に対する措置に関する法律（今村私案）」を公表しました。戦争被害者全体を視野に入れた包括立法をにらみ、朝鮮人や台湾人戦犯への措置という個別の「単独立法」も積み重ねていこうという考えです。

この間、社民党の清水澄子《しみずすみこ》参院議員が参議院国民福祉委員会で質問してくださり、丹羽《にわ》雄哉《ゆうや》厚生大臣の「韓国出身のBC級戦犯の方々が経験されたご苦労に対しては心中察して余りある。どういう対応策がとれるか検討していきたい」という答弁を引き出しています（二〇〇〇年三月三〇日）。

さまざまな国会議員の先生方のご理解のもと、今村先生の法案をテコに、立法化を具体的に働きかけ、それを受け止めてくれたのが、民主党所属の衆議院議員だった石毛《いしげ》えい子先生でした。

石毛先生は、福祉問題の専門家で、シベリア抑留や「慰安婦」問題など、戦争犠牲者への支援にも熱心に取り組んでおられました。その石毛先生が衆議院法制局に立法化作業を指示し、何度かのやりとりを経たのち、二〇〇二年一一月、「旧植民地出身BC級戦犯者等の戦争犠牲につき必要な措置を講ずる法律案について」（一次案）が法制局から示されたのです。「日本の統治下にあった朝鮮半島または台湾出身者で俘虜監視員等として勤務した結果戦犯として刑を科された者及びその遺族に対して、人道精神に基づき、弔意を表し、又はその苦痛を慰藉する」ため、戦犯として刑を科された者一人につき三〇〇万円を支払うという案でした。

法制局からの具体案は、立法に向けた大きな前進であり、喜びでもありました。しかし、いくつか不満がありました。一つは、生き残った者と刑死者が同額だという点です。刑死者の無念な思いや、これまで日本政府から何もなされていないことを考えると、私は刑死者にはもっと手厚くしてほしいと考えました。しかし、それよりも大きな問題がありました。法案名にある「旧植民地出身」という語が、どうしても許容できなかったのです。

日本政府が過去の植民地支配の歴史を直視し、反省とお詫びをした上であればまだしも、単に日本政府から「旧植民地出身者」と言われると、植民地支配の反省どころか、それを「正当化」してさえいるように感じられました。そもそもの今村弁護士の試案にも「旧植民地出身者」という言葉は使われていましたが、いざ日本政府側から提示されると、まったく違った思いがわき出てきたのです。

一方、今村弁護士や「立法をすすめる会」のメンバーの多くは、日本政府が「植民地支配」を認め、給付金を出すことをむしろ評価していました。その方が、単なる弔慰金・見舞金ではなく、謝罪と補償につながるのではという声もありました。

待ちに待った法案だったのに、「旧植民地出身」という言葉をめぐっての溝は深く、以降、立法をすすめる会内で半年間も、かなりしんどい議論をすることになりました。条理裁判原告として一緒に闘った金完根《キムワングン》さんは、「植民地という言葉に抵抗感がなかったわけではないけれど、この言葉を使って立法するということは、我々の条理裁判が勝ったということではないか」と、何とか事態を収めようと懸命だったと思います。

私は最終的には、他の人とのニュアンスの違いはどうしてもあるけれど、運動のためには「旧植民地出身者」の言葉を使用する、との判断をしました。二〇〇三年五月二〇日の会議でのことでした。

急展開の二次案

早速、この間の経緯を石毛えい子先生に報告。さらなる法案整備を法制局に促したところ、六月半ばに出てきたのはまったく異なる案でした（二次案）。

まず、タイトルが大きく異なりました。

「日本国との平和条約に基づき日本国籍を離脱した戦争裁判受刑者等に対する慰藉等給付金の支給に関する法律案」――。

あれほど議論した「旧植民地出身者」という言葉はなくなり、さらに「ＢＣ級戦犯者」という言葉も、条文の「朝鮮半島又は台湾出身者」という言葉もなくなりました。サンフランシスコ平和条約（講和条約）により日本国籍でなくなった者、とすることにより、日本の植民地から脱した朝鮮・台湾の戦犯者を指す案です。

その少し前、二〇〇〇年に成立した在日朝鮮人の傷痍軍人軍属に対する法律が、「平和条約国籍離脱者等である戦没者遺族等に対する弔慰金等の支給に関する法律」という名称で、それに倣《なら》ったのかもしれません。この法律の場合、死亡者への弔慰金は二六〇〇万円、生存者への見舞金は二〇〇万円でした。

われわれの二次案の場合、「慰藉等給付金」として三〇〇万円となっていました。居住地にかかわらず、全員が対象です。法律の趣旨には「日本国との平和条約に基づき日本の国籍を離脱した戦争裁判受刑者が被った犠牲ないし損害の深刻さにかんがみ、人道的精神に基づき……」と書いてあり、一次案と同じく、直接謝罪や補償といった言葉はないけれど、私はこの案は非常に現実的だと思いました。

早速これで進めていただこうと考え、同進会の総会でその旨を確認したのですが、「立法をすすめる会」での意思一致は、再度難航しました。

今村先生は、「慰藉等給付金」では、日本の「国民」として政府に貢献し「犠牲」になった、という性格の金となってしまい、「謝罪の象徴としての補償」ではない、と反対でした。名称も、サンフランシスコ平和条約により、日本政府が勝手に私たちを「国籍離脱者」にしたのであって、それを認めるのはどうか、ともおっしゃっていました。ちょうど、イラク戦争への自衛隊派兵が議論されていた時期でもあり、他の多くのメンバーも、妥協せず理念を実現したいとの考えでした。

ただ、私は当事者として困惑していました。この運動は誰のためのものなのだろう……。今村先生は、運動方針が違うのだから自分としては一緒に運動するのは難しい、私（李）と考えを同じくする人たちを中心に今後は運動を進めるのがよいのでは、と言明されました。

私は「現実的に可能性のある選択を」という文章を書き、立法化の最終段階にきているにもかかわらず、遅々として進展しない事態に焦燥感を感じていること、実現可能な次善策として、現在の二次案を元に進めていきたいことを述べました。また、一緒に運動ができないのは残念であるが、おおらかな気持ちでそっとしておき、運動の行方を見守ってほしい、と理解を求めました。

立法をすすめる会は、結局二〇〇四年一月の会報（第三号）発行をもって解散しました。その号には世話人のみなさんのコメントが寄せられていますが、いったん距離を置くという人もいれば、悩みを綴る人もいる。その中で、七〇年代からずっと支えてきてくれた内海愛子先生が、「一番若い李鶴来さんが今年八〇歳になる。「慰藉」でもいい、自分たちが動けるうちに何らかの解決をとの思いがうんだ「妥協」である。それが解《わか》るから、私は李さんに協力していこうと思っている」とコメントしてくださいました。本当にありがたく思いました。

衆議院内閣委員会で石毛議員が質問

運動側の紆余曲折はありましたが、石毛えい子先生は、議員立法として法律案の準備を進めつつ、二〇〇三年七月一六日、衆議院内閣委員会で質問をし、当時、官房長官だった福田《ふくだ》康夫《やすお》氏と、外務省アジア太平洋局長だった薮中三十二《やぶなかみとじ》氏の答弁を引き出しました。

外務省答弁は、一九六五年の日韓請求権協定で「完全かつ最終的に解決ずみ」との、いつもながらの見解です。この見解がいつも壁となっていましたが、実はこの二年後の二〇〇五年の韓国の外交文書公開により、朝鮮人BC級戦犯者問題については、日韓両政府の間のやりとりで「別途協議をする」となっており、解決ずみどころか、日韓請求権協定の議論の俎上にさえのぼっていなかったことが明らかになっています。

続く福田官房長官も、基本的には外務省答弁と同じ見解には立っていましたが、石毛先生とのやりとりのなかで、「戦争ということはあったにしても、そのことによって大きな負担を与えたということについて、これは政府として十分考えていかなければいけない問題だというふうに思っております」と述べ、「これから私たちが実情を調べて、遅まきながら、この実態がどういうものであったかをよく確認して、その上でどういう方向をとるべきか、この点をよく考えてみたいというように思っております」との答弁がありました。

私は、同進会副会長の金完根《キムワングン》さんと一緒に、この委員会を傍聴していましたが、石毛先生が私たちが傍聴していることを紹介くださり、委員会終了後に福田官房長官が直接私たちに声をかけてくださったことに、今後の立法解決への期待を強くしました。

同進会五〇年の歩みを聞く会

私はそれからも足繁く国会に通い、議員の先生方に立法化を要請してまわりました。しかし、同進会の中で一緒に動いてくれていた金完根さんが二〇〇四年に脳梗塞で倒れてしまい、家族の温かい介護でずいぶん回復したものの、とても外での訴えができる状況ではなくなりました。支援団体としても、立法をすすめる会が活動停止して以降、細々とした活動しかできなくなっていました。

しばしば私ひとりが国会議員への要請にまわっているのを見かね、声をかけてくれたのが、戦後補償ネットワークの有光健《ありみつけん》さんでした。有光さんは、シベリア抑留者問題、中国・朝鮮人強制連行問題、「慰安婦」問題など、戦後補償問題を広くつなぎ、解決の道を探るべく、国会議員と市民運動との両方にネットワークをもっておられました。もちろん韓国・朝鮮人BC級戦犯者問題の理解者でもありました。有光さんは、議員要請のコーディネートをしてくれ、そのほとんどすべてに同行してくれました。

有光さんは議員要請のための資料作成の過程で、同進会の創設が一九五五年四月一日と知ると、この長い歩みを、国会議員と日本国民との両方に訴える機会として、「同進会五〇年の歩みを聞く会」の開催を提案してくれました。条理裁判当初からの支援メンバーのみなさんが再集結。二〇〇五年四月一日、開催にこぎつけました。

発起人に名を連ねてくださったのは、以下の超党派の国会議員の方々です。佐藤剛男《たけお》衆院議員（自民）、熊代昭彦《くましろあきひこ》衆院議員（自民）、岩屋毅《いわやたけし》衆院議員（自民）、鳩山由紀夫《はとやまゆきお》衆院議員（民主）、菅直人《かんなおと》衆院議員（民主）、大畠章宏《おおはたあきひろ》衆院議員（民主）、土井たか子衆院議員（社民）の七名。司会・コーディネートは石毛えい子衆院議員（民主）が担ってくださいました。

同進会からは私のほか、タイ捕虜収容所（サイゴン分遣所ほか）勤務でイギリス裁判で六

同進会「50年の歩みを聞く会」。左より卞光洙、通訳・李泳采、朴一濬、呉在浩の各氏、著者、石毛えい子先生（2005年4月1日、衆議院第二議員会館。写真：村井吉敬）

年の刑を受けた呉在浩《オジェホ》さん（当時八二歳）が広島からかけつけてくれました。呉在浩さんは、韓国・釜山の生まれ。お兄さんが日本軍の「志願兵」となっており（戦死）、自らは志願兵への執拗《しつよう》な勧めを断るなかでやむなく二年契約の捕虜監視員に応じたといいます。戦犯となり、シンガポール現地で刑期満了。初めて日本の地を踏んだのが神戸で、そこでいきなり「帰還」です。高知の知り合いを頼りますが結核が判明。その困窮を日本人医師崎原秀夫《さきはらひでお》さんに救われ、戦後を生きました。呉さんは、「個人的にはよくしてくれた人もあったが、日本政府としては何もなかった。もう少し温かい対応を」と訴えました。

また、韓国からは、刑死した卞鐘尹《ピョンジョンユン》さんの長男で条理裁判原告の卞光洙《ピョングアンス》さん、韓国に帰国した故朴允商《パクユンサン》さんの長男朴一濬《パクイルチュン》さんが参加。私は同進会が五〇年もの長きにわたり政府や司法に訴え続けてきたこと、いま立法府としてぜひ早急に立法措置をとってほしい旨、訴えました。会場は、国会議員・秘書の方々約二五名を含め、一〇〇名を超える参加者であふれ、熱気につつまれていました。

同進会の発足した一九五五年、私たちは鳩山一郎首相に最初の要請書を渡し、以来歴代首相に要請してきましたが、鳩山一郎元首相の孫である鳩山由紀夫議員は、祖父が「善処する」と返答しながらその後進展していないことを申し訳ないと述べ、日本の敗戦から六〇年のこの年に、超党派で問題解決にあたりたいと、話されました。

自民党の佐藤剛男議員は、「今日の話をお聞きして、しかと義務を果たしていく」という考えを、また熊代明彦議員は、元厚生省援護局長をされていた経歴もあり、補償については「解決ずみ」という立場に立ちつつも、「ヒューマニズムの精神に立って、歴史を正しく解釈して、歴史の犠牲者の方々に正しくお報いする形をつくりだしていかなければいけない」と話されました。私は立法の具体化への手ごたえを感じていました。内海愛子先生を代表に、支援団体としての「同進会を応援する会」も結成されました。

郵政総選挙での敗北、韓国外交文書公開

ところがその五カ月後、時の首相小泉《こいずみ》純一郎《じゅんいちろう》氏は、郵政民営化一つを焦点に解散総選挙。「刺客」だのと呼ばれる激しい選挙戦が行われ、「小泉チルドレン」が躍進しました。

そして本当に残念なことに、私たちの問題のために奔走してくれた石毛先生が落選してしまったのです。土井たか子議員も落選。他の発起人の議員のみなさんは、ほぼ当選されたものの、立法のための推進力は明らかに損なわれてしまいました。

この時、大きな変化として現れたのが、民主化がすすむ韓国の影響でした。

外交文書の公開請求を受け、韓国政府はこの年（二〇〇五年）八月、日韓会談関連の外交文書を公開。その中に、日韓請求権協定成立直後の一九六五年七月、請求権をめぐる同進会からの問い合わせに関し、韓国外務部と駐日代表部とが行ったやりとりがありました。

そこには「戦争後の戦犯裁判に起因する韓国人戦犯の被害に関しては、当初から日本に対

する請求の対象ではなく、……考慮の対象外である」とあり、日本の戦犯として刑を受けた韓国人の問題は、そもそも日韓会談の議題にのぼっていなかったことが裏づけられたのです。そして、韓国政府は駐日代表部に、日本政府に対し人道的見地からの解決を働きかけるよう伝えてもいました。われわれの問題が、日韓条約で「完全かつ最終的に解決ずみ」というのは、日本政府のまったくの詭弁《きべん》だという証拠でした。

この事実をうけ、私たちは韓国政府に対する初めての要請を行いました。一〇月、日本にある韓国大使館で公使に面会、一一月には韓国に行き外交通商部など関係機関と国会議員に対し、日本への働きかけを強めるよう直接訴えたのです。金元雄《キムウォヌン》外交委員長が紹介議員になってくださり、韓国国会に請願書も提出しました。

私は、韓国政府に問題解決を要望するなど、これまで考えたこともありませんでした。半ば強制的に捕虜監視員とさせられ、不名誉な罪を負わされ、その上、祖国の戦後復興にも何ら貢献できなかったという、民族的負い目が絶えずありました。しかし、心情的にはそうであっても、戦後新たに出発した祖国の新政府に、私たちを庇護・救済する、外交上・人道上の責務はなかったのでしょうか。私は、日韓交渉の最初から請求権の対象外とされたままであったことへの、憤りと悲しみを訴えました。

韓国では、卞光《ピョングァン》洙《ス》さん、朴粉子《パクプンジャ》さん、朴一濬《パクイルチュン》さんら、遺族が一緒に請願にまわってくれたほか、日本からは丁永玉《チョンヨンオク》さんが同行してくれました。丁永玉さんとは、同進交通の経営をめぐり疎遠になっていましたが、長い時を経てまた活動を共にするようになったのです。

韓国政府からの名誉回復

民主化のすすむ韓国では、盧武鉉《ノムヒョン》大統領のもと、二〇〇三年に「日帝強占下強制動員被害真相糾明等に関する特別法」が制定され翌年発効、日本の植民地支配下の被害真相究明と被害者救済の動きが本格化しました。「軍人・軍属・労務者・慰安婦等の生活を強要された者が被った生命・身体・財産等の被害」に対し、本人・遺族等の申請に基づき、調査の上、被害認定がされるというのです。

私は早速、申請書類を作成しました。このとき同進会の存命中の会員は一一名にまで減っていましたが、本人あるいは遺族が直接申請した以外の同進会会員、それに刑死者・自殺者について、同進会として私が申請書類を作成し、申請は六八名分となりました。そして、二〇〇六年六月、まず三一名分の強制動員被害認定が、その後全員分の被害認定がなされたのです。

韓国社会では長く私たちは「親日派」のレッテルを貼られていました。好んで日本軍軍属になったわけではありませんが、日本の戦犯となるくらい日本に「協力」したと見られていたのです。それが、日本の強制動員の被害者の一人であると、祖国韓国政府が認め、名誉回復がなされたのです。祖国に対し負い目も感じていた私たちにとって、本当にうれしい知らせでした。

六月二〇日、私は韓国大使館にいました。丁永玉さん、故裵禎萬《ペジョンマン》さんの奥さんの白井セツさん、療養中の金完根《キムワングン》さんの息子の畠谷吉秋《はたやよしあき》さん、故丁奎文《チョンギュムン》さんの息子の丁廣鎭《チョングァンジン》さんらも一緒です。そこで、韓国大使の羅鐘一《ラジョンイル》氏から直々に認定証を受け取ったのです。

それを手にし、私は感無量でした。半ば強制的に捕虜監視員として南方に送られたとはいえ、一方で生命を賭して抗日運動を闘った烈士もいたわけです。祖国解放の喜びも共有できず、祖国建設にも何ら寄与することなく、民族的負い目を痛感してきました。しかし、韓国政府はわれわれを強制動員の被害者と認め、名誉回復ができました。私は心からの感謝を述べました。

なお韓国では、死亡・行方不明の犠牲者の遺族には二〇〇〇万ウォン（約二〇〇万円）の慰労金、存命の者には状況により医療支援金等が支給されますが、韓国政府が国内の国民に対し支給するもので、在日の場合は対象になりません。ですから、日本の同進会の仲間や遺族は金銭的には何も得ていませんが、私たちにとって戦犯という汚名を祖

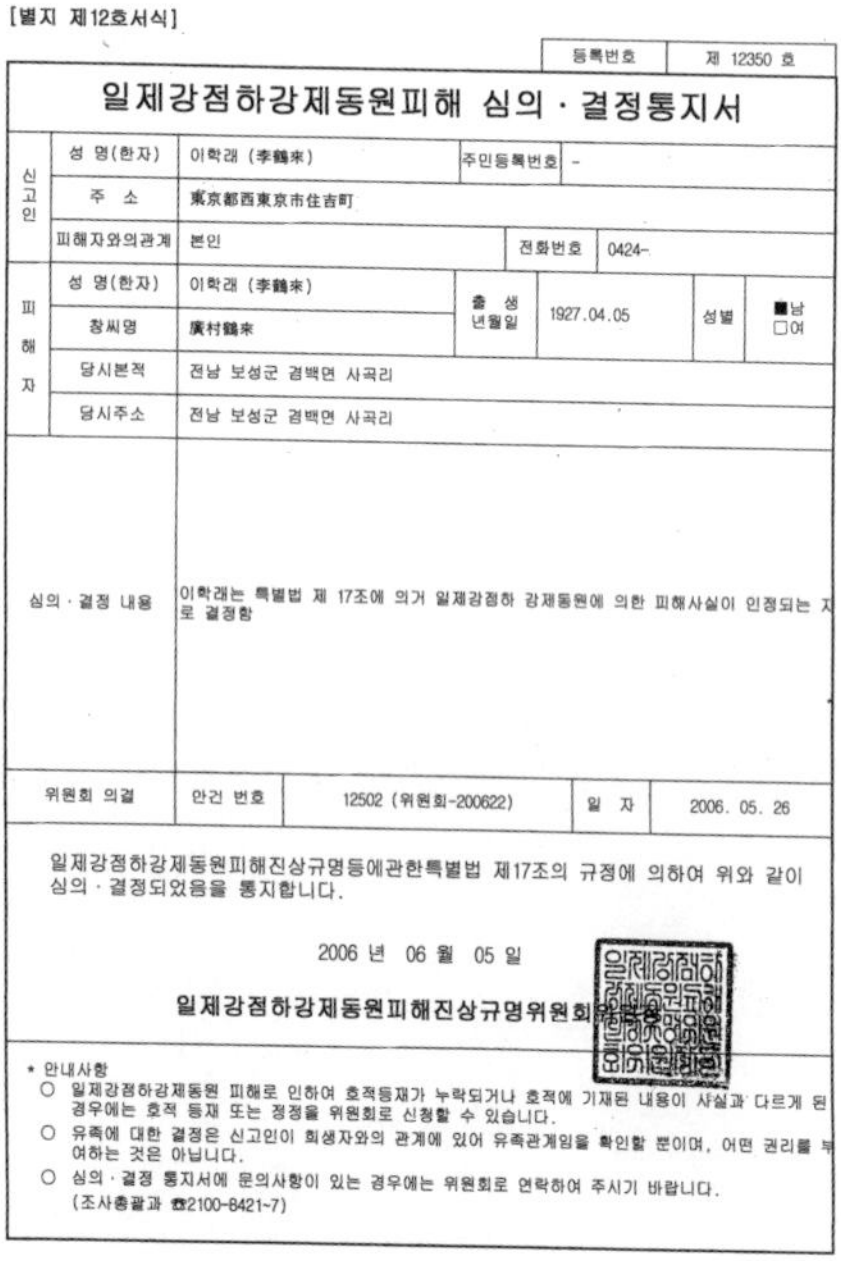

[별지 제12호서식]

등록번호	제 12350 호

일제강점하강제동원피해 심의 · 결정통지서

신고인	성 명(한자)	이학래 (李鶴来)	주민등록번호	-		
	주 소	東京都西東京市住吉町				
	피해자와의관계	본인	전화번호	0424-		
피해자	성 명(한자)	이학래 (李鶴来)	출 생 년월일	1927.04.05	성별	■남 □여
	창씨명	廣村鶴来				
	당시본적	전남 보성군 겸백면 사곡리				
	당시주소	전남 보성군 겸백면 사곡리				
심의 · 결정 내용	이학래는 특별법 제 17조에 의거 일제강점하 강제동원에 의한 피해사실이 인정되는 자로 결정함					
위원회 의결	안건 번호	12502 (위원회-200622)	일 자	2006. 05. 26		

일제강점하강제동원피해진상규명등에관한특별법 제17조의 규정에 의하여 위와 같이 심의 · 결정되었음을 통지합니다.

2006 년 06 월 05 일

일제강점하강제동원피해진상규명위원회

* 안내사항
○ 일제강점하강제동원 피해로 인하여 호적등재가 누락되거나 호적에 기재된 내용이 사실과 다르게 된 경우에는 호적 등재 또는 정정을 위원회로 신청할 수 있습니다.
○ 유족에 대한 결정은 신고인이 희생자와의 관계에 있어 유족관계임을 확인할 뿐이며, 어떤 권리를 부여하는 것은 아닙니다.
○ 심의 · 결정 통지서에 문의사항이 있는 경우에는 위원회로 연락하여 주시기 바랍니다.
(조사총괄과 ☎2100-8421~7)

名誉回復認定証（日帝強占下強制動員被害審議・決定通知書）

国がすすいでくれたことが何よりうれしかったのです。

二〇〇六年七月九日には、支援者のみなさんが私たちの「韓国政府による名誉回復を祝う会」を催してくださいました。呼びかけ人には、田中日淳・李仁夏《イイナ》・三木睦子・今村嗣夫・石毛えい子・内海愛子各氏と、長年お世話になった方々が名を連ねてくださり、今村先生はこの日を迎えられなかった条理裁判原告のみなさんの冥福を祈る、温かいあいさつをくださいました。また、元シベリア抑留者の寺内良雄《てらうちよしお》さん（全国抑留者補償協議会会長）、元BC級戦犯者で平和グループでも一緒だった飯田進さんも祝福。同進会の家族も、子・孫の世代までが集い、喜びあふれる賑やかな会となりました。

在日韓人歴史資料館での展示

その頃、在日韓国人社会の中でも、変化が形に現れつつありました。韓国政府からの名誉回復をうけた記者会見は、民団本部の会議室で行いました。私たちの問題を理解し、支援をしてくれるようになったのです。その後の議員会館での集会などにも、民団本部の役員のみなさんが参加してくださっています。

また東京麻布《あざぶ》にある民団と同じ建物内に、二〇〇五年一一月に「在日韓人歴史資料館」が

名誉回復を祝う会。多くの方に祝福され、当事者・家族の喜びもひとしおだった（2006年7月9日、於四谷・スクワール麹町、写真：裵昭）

開設され、在日一世・二世たちの記録や生活道具などを集め、その歩みを展示するようになりました。同進会のメンバーたちも手記や写真、引揚証明書などを寄託し、資料館の職員を中心に、学生ボランティアや同進会を応援する会の岡田泰平さんらが整理にあたってくれました。金完根《キムワングン》さんがオートラム刑務所内で使っていたタオルも、資料館に収蔵されました。展示室にはそれらを紹介するコーナーが設けられています。

二〇〇七年には、朝鮮人BC級戦犯者問題を扱った企画展が開催されました。また、連続五回のBC級戦犯者問題に関する連続セミナーを開催。毎回四〇人ほどが聞きにきてくれ満席でした。二〇〇八年一一月には同進会を後ろで支えてきた女性たちの話を聞く会を開催し、白井セツさん（裵禎萬《ペジョンマン》さん夫人）、岩本菊子さん（丁永玉《チョンヨンオク》さん夫人）、畠谷サダ子さん（金完根《キムワングン》さん夫人）そして私の妻・姜福順《カンプクスン》が話をしました。「人前で話し慣れていないので」と言い訳していましたが、夫たちが仕事と国家補償運動に明け暮れるなかで、日々の生活を支えていたのは「奥さんたち」だったと思います。日頃、あえてそれを口にすることはありませんが……。

在日韓人歴史資料館は、職員のみなさんの理解と尽力もあり、私たちの問題を発信する拠点となってくれていました。

在日韓人歴史資料館でのBC級戦犯者問題企画展。石毛えい子先生とともに（2007年5月27日、写真：同進会を応援する会）

韓国の遺族との出会い

さて、韓国での名誉回復は、思いがけない出会いをもたらしました。私は刑死者のみなさんについても、同進会として強制動員被害認定の申請書を提出していました。しかし、韓国在住の刑死者遺族からも申請が出ている、というのです。私と同じく泰緬鉄道建設の現場で捕虜監視員をし、イギリス裁判により刑死した姜泰協《カンテヒョップ》さんの息子・姜道元《カンドウォン》さんでした。

姜道元さんは一九三八年の生まれで、父親が戦犯として処刑されたことは随分後になって聞かされたそうです。姜道元さんから直接私の元に電話がかかってき、驚きました。

姜道元さんは、韓国内の他の元BC級戦犯者遺族から申請が出ていないかどうかも、真相糾明委員会に問い合わせました。真相糾明委員会は、連絡をとりたいという姜さんのメッセージを他の遺族に伝え、それに応じた人たちとも連絡がとれるようになりました。「名誉回復」がなされたことで、遺族も自らの家族の過去を、韓国社会でようやく公にすることができるようになったのだと思います。

内海愛子先生の著書『朝鮮人ＢＣ級戦犯の記録』も、韓国で翻訳出版されました。

「韓国遺族会」（のち「韓国同進会」）が結成される（2007年2月25日、於ソウル、写真：同進会を応援する会）

日韓共同シンポジウムと靖国合祀取り下げ要請

二〇〇七年二月には、一九家族が集まりソウルで「韓国遺族会」（のちに韓国同進会、会長姜道元）を結成。同じ年の一二月に韓国から遺族五名が来日し、八日、日韓共同シンポジウムを東京・お茶の水の韓国ＹＭＣＡで大々的に開催しました。

会長の姜道元さん、これまでわれわれと一緒に訴えてきた卞光洙《ピョングアンス》さん、朴粉子《パクプンジャ》さんと、新たに金眞亨《キムジニョン》さん、鄭昌洙《チョンチャンス》さんが証言しました。会場の韓国ＹＭＣＡは、国際会議さながらの準備で、日本語・韓国語の同時通訳がイヤフォンを通して提供されました。マスコミの取材陣も大勢来ているようでした。

金眞亨さんの父金玉銅《キムオクトン》さんはジャワ捕虜収容所勤務、オランダ裁判で四年刑の後帰国。元々北朝鮮の出身でそちらに家族もいたそうですが、朝鮮戦争の際、南に渡り、結局そこで新たな家庭を営み金眞亨さんが生まれたとのことです。

鄭昌洙さんの父鄭鐘観《チョンジョングァン》さんも、ジャワ捕虜収容所勤務、オランダ裁判で五年刑。結核を患い、一九九五年にようやく帰国。しかしずっと病気がちだったと言います。

両者ともすでに他界していて、名誉回復の報を直接聞くことはありませんでしたが、真相糾明の結果、その子どもたちは、父親が話そうとしなかった体験の一端を知ることになったのでした。

このシンポジウムには、真相糾明委員会のＢＣ級戦犯者問題担当調査官・李世日《イセイル》氏も参加。真相糾明委員会内の議論では、「ある程度教育もある捕虜監視員や通訳への「強制性」は、他の「慰安婦」などの判断基準と異なるべきではないか」との意見もあったそうですが、国家総動員法が敷かれたあとは、日本が政策決定をすればどのような手段を使ってでも動員しており、志願形式であれ強制性は認められる、と結論づけたと、議論の経過を紹介されました。

同進会からは、当事者としては私が訴えを行いました。名誉回復を共に喜んだ丁永玉《チョンヨンオク》さんは名誉回復から三カ月ほど後に急逝し、またもや一人欠けてしまいました。しかし、故朴《パク》昌浩《チャンホ》さんの長男朴来洪《パクネホン》さん、療養中の金完根《キムワングン》さんの長男畠谷吉秋さんら二世が、父親の歩みを語ってくれました。

翌々日の一〇日には、同進会と韓国遺族会とで、靖国神社合祀取り下げを求め、靖国神社に行きました。

「神道と宗旨が異なる貴神社での合祀は、刑死させられた仲間と家族を冒瀆《ぼうとく》するものです。故人と遺族の意思に反する貴神社への合祀を取り下げて、故人と遺族に謝罪するよう要望します」

こうした要望書を提出しましたが、約二週間後に届いた回答は、「創建の主旨と慣習に従って……戦没者に奉仕」しており、取り下げはできないというものでした。「やってくれ」という補償はまったくせず、「やってくれるな」という合祀は勝手にやる――ひどい対応ではないでしょうか。

韓国での合同慰霊祭

二〇〇八年六月には私は韓国に渡り、元BC級戦犯者六名が眠る国立墓苑「望郷の丘」で韓国遺族会とともに「合同慰霊祭」を行いました。ここに眠るのは、千光燐《チョングァンリン》、朴成根《パクソングン》、林永俊《イムヨンジュン》（以上刑死者）の各氏、自殺した許栄《ホヨン》氏、同進会の仲間の李善根《イソングン》氏、金鐘渕《キムジョンヨン》氏です。

「故友のみなさんが、夢にも見ることができなかった祖国に帰ることができました。どうぞ安らかにお眠りください」

そう追悼の辞を読んだ私は、韓国の遺族たちと共に故人を慰めることができ、深い感慨を覚えました（のち二〇一〇年に刑死者の金長録《キムチャンロク》氏のご遺骨も日本から送還されここに埋葬されました）。

韓国遺族との交流は、同年（二〇〇八年）一二月には、同進会と応援する会側が韓国に行くなど、日韓双方での協力体制につながっていきました。

有光健さんとは頻繁に議員要請にまわる。この時は韓国の遺族姜道元さん（右）たちと（2012年10月17日、写真：裵昭）

法案いよいよ提出！

さて、残る最大の課題、日本政府の対応です。

石毛えい子先生が議席を失って以降、立法の行方が危ぶまれましたが、円《まどか》より子参議院議員（民主党副代表）が、石毛先生の役割を引き継ぎ奔走してくださいました。これまで衆議院法制局との間で二次案までやりとりをしてきましたが、円先生が参議院・衆議院との間をつなぎ、衆議院法制局での第三次案に至りました。

出てきた法案の名前は、「特定連合国裁判被拘禁者等に対する特別給付金に関する法律案」です。名前はいっそうわかりにくいものになりました（巻末に全文掲載）。また、第一条の趣旨には、「特定連合国裁判被拘禁者が置かれている特別の事情等にかんがみ、人道的精神に基づき……特別給付金の支給に関し必要な事項を定めるものとする」とあり、私としてはもう少しわかりやすく書き込んでほしいとの希望を持ちました。

ただ、二次案の「日本国との平和条約に基づき日本国籍を離脱した戦争裁判受刑者」では、刑死者はそもそもサンフランシスコ平和条約（日本国との平和条約）以前に亡くなっているのですから修正が必要であるなど、さまざま調整の結果今回の法案に至ったことは理解しました。ですので、ぜひこれで進めていただき、今後の審議の過程で、できれば当事者の元戦犯や遺族が陳述する機会を設けていただければと考えました。

法案は、衆議院議員で内閣委員会理事だった泉《いずみ》健太《けんた》議員、当初より理解を寄せてくれていた大畠章宏《おおはたあきひろ》議員、佐々木隆博《ささきたかひろ》議員が提出者となり、賛成者に民主党二〇名の議員が名を連ね、二〇〇八年五月二九日、ついに提出されました。条理裁判が終わってすでに九年が経過しようとしていました。しかし、私たちの長い闘いで、初めて国会の場に法案が上程されたことは感無量でした。あと一息のところまできたのです。

法案は総務委員会に付託され、通常国会の会期末とともに、次期臨時国会での継続審議となりました。しかし、第一次安倍内閣の後を受けた福田内閣は突然辞職、麻生《あそう》内閣が続きますが、法案審議にはなかなか入れませんでした。

難航する立法

いつ審議されるのか、もどかしい思いでいましたが、貧困問題・年金問題などで自民党政権への批判が高まり、マニフェストを掲げて戦った民主党が、二〇〇九年八月の総選挙で圧勝。ついに政権交代が実現し、鳩山由紀夫内閣が発足しました。石毛えい子先生も議席を回復。横路孝弘《よこみちたかひろ》衆院議長、江田五月《えださつき》参院議長も、私たちの問題の理解者でした。参議院ではすでに民主党他が多数を占めていましたから、民主党が提出した法案はすぐにも実現するのではないかと期待が高まりました。岡崎トミ子参院議員、今野東《こんのあずま》参院議員らを軸に戦後補償議連もできました。

しかし鳩山政権は、普天間《ふてんま》基地の移設問題で次第に失速。与党ゆえに、法案提出の段取りはかえって慎重にならざるをえないようでした。結局、九カ月後には鳩山内閣は崩れ、菅直《かんなお》人《と》氏が首相に。しかし、二〇一一年三月一一日、東日本大震災が起きたのです。私は帰宅途中、大通りをゆっくり歩いていて、揺れのことをよく覚えていません。家に戻ってテレビを見て、どれほどのことが起きているか知りました。

地震・津波で多くの方が亡くなっただけではなく、福島第一原発の爆発事故で放射能汚染が広がり、故郷に戻れない人も何万人も生じていました。日本の人たちが苦労をしている、政府も対応に追われている——。こういう状況のなか、自分たちの法案をすぐに通せとは言えませんでした。半年待って、国会議員のみなさんに改めて話をしてまわりました。

サンフランシスコ平和条約発効から六〇年の二〇一二年には国会議員会館で連続集会。首相は菅氏から野田佳彦《のだよしひこ》氏へと移っていました。民主党が支持率を落とす中、通常国会終盤、李明博《イミョンバク》大統領の竹島（独島）上陸で日韓関係は急速に悪化。法案再提出はまたもやならず、臨時国会でも提出の調整を石毛えい子先生が粘り強く行っていましたが、あと少しという段階で野田佳彦首相が解散総選挙を口にし、とうとう法案提出ができませんでした。本当に残念でなりません。

療養中だった金完根《キムワングン》さんは、この年（二〇一二年）七月一二日、家族に看取られ亡くなりました。心待ちにしていた法案成立の知らせを届けることは、ついに叶いませんでした。

そして、同年一二月の総選挙で民主党は五七議席に大きく議席を減らし、自公で三分の二以上の安定多数を確保した第二次安倍内閣が発足したのです。

韓国憲法裁判所への提訴

私たちの問題は、これまで自民党議員にも理解者はいましたが、立法実現への道は明らかに困難が増しました。しかし難しいからといって、あきらめるわけにはいきません。早速、安倍首相に要請書提出。一九五五年、鳩山一郎首相以来、歴代二九人の首相に提出し続けています。

また、日韓関係は冷え込んでいましたが、韓国側からの働きかけの可能性は残っていました。韓国の憲法裁判所は、二〇一一年八月三〇日、「日本軍慰安婦」「原爆被害者」に対し、韓国政府が具体的解決のために努力していないのは、被害者らの基本権を侵害する違憲行為である、との注目すべき決定を下しました。李明博大統領も、この決定を受け日本側（当時民主党政権）と交渉を開始します。

ＢＣ級戦犯者問題も、韓国政府が「具体的解決のために努力していない」、という状況にあることは違いありません。名誉回復をしてもらった祖国韓国を訴えるのは気が進みませんでしたが、勝ち負けはともかく、韓国政府・社会にも私たちの問題を知らしめ、日本政府に解決を迫る責務があると考え、韓国で戦争被害者の支援をしている張完翼《チャンワニク》弁護士に相談し、提訴することにしました。韓国政府が私たちの人権を守るために日本政府と外交折衝してこなかったのは重大な不作為であり、憲法違反にあたる、との訴えです。

この間二〇一三年一一月八日〜一二月一五日には、韓国の民族問題研究所が朝鮮人BC級戦犯者問題を取り上げ、ソウル歴史博物館でパネル展示「戦犯となった朝鮮青年たち」とシンポジウムを開催。韓国内で世論の喚起に努めてくれました。私も内海愛子先生、有光健さんとともに参加。韓国では、韓国同進会の姜道元《カンドウォン》さんや弁護士の張完翼さん、ジャーナリストの金考淳《キムヒョスン》さんや、仁川大学のイ・サンイ教授らがシンポジウムに集いました。

写真パネル展は、翌二〇一四年四月二六〜二九日、同進会を応援する会主催で、東京・中野でも改めて行い、日本国内の世論にも訴えました。私や同進会の家族のギャラリートーク、また、有田芳生《ありたよしふ》参院議員、桜井均元NHKディレクターらがわれわれの問題についてお話をくださるなど、期間中は四〇〇名を超える人々が会場に足を運んでくださいました。

七月末〜八月にかけては、沖縄大学を会場に写真パネル展やシンポジウム「アジア太平洋戦争と「元朝鮮人BC級戦犯」が開催され、私も参加しました（主催・おきなわ日韓「政経・文化」フォーラムほか）。辺野古《へのこ》基地新建設を拒み平和を希求する人々が、私たちの問題を課題として取り上げてくださったことは本当にありがたく、また、スガモ・プリズンから伊江島土地闘争に慰問品を送ったお礼のために、伊江島《いえじま》・反戦平和資料館の謝花悦子《じゃはなえつこ》さんがわざわざいらしてくださったのには驚き、感謝の念もひとしおでした。

日韓の国境を超えて理解が少しずつ広まるなか、韓国の憲法裁判所へは、同進会三名と韓国同進会七名が原告となり、二〇一四年一〇月一四日に提訴しました。正式に受理されましたが、韓国の憲法裁判所では公判はなく、裁判所の審理の結果がいきなり判決（決定）として出てくるそうです。一年が経過しましたが、二〇一六年三月現在、判決を待っている状態です。

ところで、日本政府は一九九七年から元連合国捕虜の招聘《しょうへい》事業を実施しています。二〇一五年までアメリカ、イギリス、オーストラリア、カナダ、オランダなどの元捕虜や家族など百数十名が招待され、二〇〇九年からは外務大臣が直接面会し、お詫びをしています。日本軍は捕虜に対して非人道的な扱いをし、多くの犠牲者を生んだのは歴史的事実です。政府が当事者や遺族を招き、謝罪するのはとてもいいことだと思います。

しかし、その一方、私は複雑な思いを隠せません。元捕虜に対して丁重なお詫びをする一方、捕虜の管理をさせ責任を押し付けた私たちは、なぜ放置されたままなのだろうか、と。私たちは日本に使い捨てにされ、韓国と日本との政府間交渉でも対象とされず、実に虚《むな》しく悲しい思いをぬぐえないでいます。

それでも諦めるわけにはいかない

二〇一五年、私は九〇歳を迎えました。脊椎狭窄症《せきついきょうさくしょう》の影響があり、杖も手放せなくなりました。国会議員への要請、関連する集会への参加など、可能な限り足を運ぶようにしていますが、一人では移動も心許なく感じることが多くなりました。

しかし、この年は戦後七〇年、同進会の結成からは六〇年、日韓条約締結からは五〇年という、節目の年でもあり、同進会設立の日である四月一日に国会議員会館内で集会をもちました。あの「同進会の歩みを聞く会」から一〇年が経過していました。横路孝弘《よこみちたかひろ》衆院議員、近藤昭一《こんどうしょういち》衆院議員、藤田幸久《ふじたゆきひさ》参院議員、有田芳生《ありたよしふ》参院議員、神本美《かみもとみ》恵子《えこ》参院議員、初鹿明博《はつしかあきひろ》衆院議員、池内《いけうち》さおり衆院議員の先生方が駆け付けてくださり、私は「ぜひ今年こそ解決を」と、強く訴えました。

藤田幸久議員は参議院予算委員会（二〇一五年三月二七日）や、外交防衛委員会（四月七日・五月一二日）で、安倍首相や岸田文雄《きしだふみお》外務大臣に、私たちの問題について質問し、対応を促してくださっています。岸田外務大臣は、日韓条約で解決ずみという立場を繰り返しつつも、「まず、基本的な認識として、朝鮮半島出身のいわゆるＢＣ級戦犯の方々が今日まで様々なご苦労をされたこと、これは心が痛む問題であります。そういった思いを胸に平和国家としての歩みを進め、我が国としての対応を考えていきたいと存じます」（外交防衛委員会、五月一二日）と述べています。しかし、実は日韓会談の際、日本側は「この問題は別途研究する」として、議論の俎上から外していることが外交文書から明らかになりました。解決ずみではなく、課題が先送りされたままであることがいっそう鮮明になったのです。

また、二〇一四年一〇月と二〇一五年七月にソウルと東京で開かれた日韓・韓日議員連盟合同総会でも、韓国・朝鮮人BC級戦犯者問題は議論され、声明に入れるには至りませんでしたが、今後の検討課題となったそうです。韓国側は李珍福《イチンポク》議員や柳勝優《ユスンウ》議員が熱心に提起してくださったそうです。

しかし、その後安倍政権は、憲法違反との批判の強い安保関連法制を強引に審議。反対世論を押し切り、安保法制を可決するなり国会は閉会してしまいました。私たちの問題が入り込む余地はなく、運動の進展がまったくないまま、懸案は次の年へと持ちこされてしまいました。

私は新しい年の手帳を買うと、まず同進会の運動の経過などを巻末に書き入れます。他に遺骨送還の経過や、自殺者のこと。毎年ほぼ同じことを繰り返し書き写します。それからその年の同進会の運動方針、また、家族の年間予定なども記入しています。

二〇一六年の運動方針は、「1　法案の再提出。実現の正念場」。どんなに厳しくても、生きている限り、その実現をあきらめるわけにはいかないのです。私の頭のなかに常にあるのは、死んだ仲間、その中でも刑死者たちです。

手帳には運動の経過などを毎年書き込む（写真：大山美佐子）

彼らは、死刑囚だった私と同じく、誰のために、何のために死ぬのか、苦悶の時を過ごしたはずです。刑死者は日本政府からはこれまで何ら顧みられていません。このまま放置できるでしょうか？　故郷を離れ、日本軍の捕虜政策の末端を担わされ、日本の戦犯として責任を負わされ死んでいった仲間たちの無念を多少なりとも晴らすことは、生き残った私の責務なのです。日本政府は自らの不条理を是正し、立法を促す司法の見解を真摯に受け止め、立法措置を早急に講じるべきです。

私が理不尽な要求をしているというのならば、私は納得して要求を取り下げます。しかし、これは理不尽な要求でしょうか？

これは朝鮮人ＢＣ級戦犯者の私から、日本のみなさんへの問いかけです。日本のみなさんの正義と道義心に、改めて強く訴えたいのです。

あとがき

一七歳だった私は、捕虜監視員として三年、戦犯として刑務所に一一年、その後日本政府に補償を求め続けて六〇年を過ごし、現在九一歳となりました。死刑囚として二三歳で死んでいてもおかしくなかった人生を、よくここまで生かされたものと思います。

私は多くの人に助けられここまできましたが、三大恩人は、本書にもしばしば登場した今井知文先生、田中日淳先生、内海愛子先生といってよいと思います。

今井先生は、われわれが異国日本で苦しい生活を強いられていたときから、物心両面にわたる援助を惜しみませんでした。いくら感謝しても足りません。今井先生が一九九六年にお亡くなりになった際、私は先生の事蹟を記す碑を建てたいと思いましたが、奥様はそっとしておいてほしいとのことでした。

その奥様も亡くなり、すでに一〇年が過ぎました。私自身も人生の終末期を迎え、この先、関係者が亡くなれば、今井先生にわれわれがいかに助けられたかは伝わらなくなります。そこでご遺族の了承を得て、鎌倉にある先生のお墓の脇に、碑を建てさせていただくことにしました。碑には「今井知文・よしの先生ご夫妻は異郷の地で苦闘する孤立無援の私たちに惜しみないご支援をして下さいました。心から感謝し、その仁徳を偲び、後世に伝え、謹んでご冥福をお祈りします」と記しました。

田中日淳先生は、二〇一〇年七月にお亡くなりになられました。九七歳でした。チャンギー刑務所にいる頃から、亡くなる最期のときまで、われわれ朝鮮人戦犯者を気づかってくださいました。刑死者の遺骨を預り供養、自殺者や病死者も弔ってくださいました。韓国への遺骨送還にも尽力。日本政府による立法措置の実現を、心から応援してくださいました。先生が亡くなられた後は、娘婿の石川恒彦先生がチャンギー慰霊祭をとり行ってくださっていましたが、当事者が高齢化して参加者も減り、現在は有志が毎年四月第二日曜日にお参りをしています。

内海愛子先生は、いつも変わりなく笑顔で私たちの運動に寄り添ってくださいました。今井知文先生が後を託したいとおっしゃったとおり、本当に私たちは内海先生に助けられ、ここまできました。また、お連れ合いの村井吉敬《むらいよしのり》先生には、条理裁判の東京地裁判決で請求棄却されたとき、私たちの悔しさ、憤りをくみ、原告声明文を書いていただくなど、陰に日なたに支え続けてくださいました。残念なことに、六九歳の若さで亡くなられましたが、感謝を申し上げるとともに、心からご冥福をお祈りいたします。

その他、お世話になった方のお名前を挙げればきりがありません。本書に登場する同進会の仲間や韓国の遺族のみなさん、今村嗣夫先生をはじめ弁護団の先生方、立法実現のため尽力くださっている石毛えい子元衆議院議員や国会議員の先生方、有光健さん、大山美佐子さんをはじめとする同進会を応援する会の世話人のみなさん、会員のみなさん、本当にありがとうございます。そして、あと一息のご支援をどうぞよろしくお願いいたします。当時の社会背景や境遇をご理解、ご支援をくださる李世日《イセイル》調査官、崔鳳泰《チェボンテ》弁護士、憲法訴願の原告代理人張完翼《チャンワニク》弁護士、世話役の申熙石《シンヒソク》さんにも感謝します。

また、私の自伝出版を知った韓国の李相汶《イサンムン》さんが、内海愛子先生を通じ、カンパを届けてくださいました。李相汶さんは同じ捕虜監視員としてジャワに渡り、高麗独立青年党の一員として抗日運動にかかわりました。韓国の建国褒章も受けられ、私たちも大変誇りに思っています。李相汶さんは戦犯は免れましたが、私も戦後お付き合いがあります。カンパはその李相汶さんが、日本政府に対し補償を求め続けている私を支援したいと、お送りくださったものです。私は祖国のために何もできなかった負い目を持ち続けていましたが、本当にありがたく、内海先生や応援する会とも相談し、この本の普及と問題の解決のために使わせていただきたく考えています。

なお、この私の自伝は、労学舎の方が一九九八年に聞き書きしてくださったものを用いつつ、大山美佐子さんが以降の動きを補い、再構成し、大変なご苦労をしてまとめてくださいました。写真提供はカメラマンの裵昭《ペソ》さんが全面的に協力くださいました。本当にありがとうございました。

最後になりますが、運動と仕事ばかりの自分を支えてくれた妻・姜福順《カンブクスン》には、本当に良縁であったと心から感謝しています。また、長男李容憲《イヨンホン》（広村哲）、次男李容弼《イヨンピル》（広村容）の二人の息子たちも、それぞれの家族をもち仕事に励んでいます。長男夫婦には今年一月に男の子が生まれ、次男夫婦の孫はこの三月に学業を終え、希望の職に就くことになりました。私は不本意にも、自分の親、特に母親には一七歳で家を出たきり一度も会えぬ親不孝をしてしまいましたが、現在こうして家族に囲まれて生きる幸せを感じるとともに、孫子の世代が平和で健やかに育つことを願っています。

さて、私の今年の手帳にはある言葉を書き入れました。本を読んでいて、いい言葉に出会ったので書き留めたのです。

生きているから
生きるのではなく
目的を伴う生き方は
生きがいである
そこに幸せがある

何の本だったかは忘れてしまったのですが、目的をもって生きるという点に、私は共感しました。

波乱に満ちた私の人生も終末期を迎え、戦犯、特に刑死者の無念の怨恨《おもい》を多少なりとも癒し、名誉回復をさせるのが、生き残った私の責務だという思いはいっそう切なるものとなっています。私は、今年こそ長年の懸案である朝鮮人ＢＣ級戦犯者に対する立法を実現させたいと考えています。繰り返しになりますが、日本人の正義と道義心に改めて訴えます。

二〇一六年三月

李　鶴　来

解説 「何のために、誰のために」と問い続ける李鶴来さん

内海愛子

李鶴来さんは今年（二〇一六年）九一歳になる。日本統治下の全羅南道《チョルラナムド》宝城《ポソン》で生まれ、皇民化教育が徹底していく時代に、小学校に通っていた。すでに、独立運動のことなど聞くこともなくなっていた。村の小高い丘でラッパをふく凛々しい志願兵が、かっこよく見えたという。その一方で日本人の横暴な立ち振るまいを目の当たりにして、子供心に強い反発をいだいたこともあった。だが、抵抗の術がわからないなかで、怒りを内向させる以外になかった。捕虜監視員の軍属の募集に応じたのも、どのように生きていくのか、将来が見えない時代の一つの選択だったのではないだろうか。

生まじめで優秀であればあるほど、「時代」の思想を吸収していく——それは日本でも朝鮮でも変わらないだろう。批判精神などもちにくい時代閉塞の中で、李鶴来さんもまた逡巡しながらも募集に応じた。一七歳だった。李鶴来さんは知らなかったが、中には積極的にこの募集を利用して、大陸への兵站基地化が進む朝鮮から脱出しようとした人たちもいた。彼らはのちに、ジャワで朝鮮独立をめざして秘密組織（高麗独立青年党）を立ち上げている。

二カ月で一割近くもが脱落したほど、釜山の野口部隊での訓練は厳しかった。李鶴来さんは対抗ビンタに理不尽さを感じながらも、何とか耐え抜いた。三カ月の初年兵教育には及ばないが、二カ月間の訓練が朝鮮の若者を日本軍軍属につくり変えていった。

南方の捕虜収容所の監視員として派遣される軍属約三〇〇〇人は、それぞれ行き先別に分けられて輸送船に乗った。タイ捕虜収容所に配属された八〇〇人の一人として、李鶴来さんはベトナムのサイゴンで船を降り、そこからタイへ移動した。タイとビルマ間の鉄道、泰緬鉄道の建設現場に使役される捕虜を監視するためである。シンガポールから送られてきた連合国の捕虜を連れて鉄道建設現場へと移動する。けもの道はあっても人跡もないジャングルを切りひらきながらの移動である。空を覆うような大木にはツタが絡まり、ジャングルの中は昼間でも薄暗く鬱蒼《うっそう》としている。群生するタケには五寸釘のような棘《とげ》があり、行く手をはばむ。ともすれば落伍しがちな捕虜を督促しながらの移動が、いかに大変だったのか、洪《ホン》鐘《ジョン》黙《ムク》さんも書いていた（洪鐘黙著、金蓬洙訳『泰緬鉄道——ある朝鮮人捕虜監視員の手記』ぽんそんふぁ編集部、一九九一年）。

宿営予定地についても宿舎が準備されているわけではない。鉄道隊には技術者がおり器材もあったが、指揮命令系統が違う捕虜収容所はこうした器材を借りることもできなかった。わずかな材料や道具をかき集めて、数百人の捕虜が寝起きする宿舎をつくる作業から始めなければならなかった。雨季のタイは連日のように豪雨が続き、携帯のテントやニッパヤシで葺いた小屋は、何もかもが水浸しになった。泥にまみれ、雨に打たれて体力を消耗させる捕虜たち。オーストラリアのダンロップ軍医は、天を呪いたくなるような豪雨の中で、ずぶ濡れになりながら器具や医薬品を守っていた。「雨、どこもかしこもぬかるみだ。外に出るにはともかくもライオンのような勇気を持たなくてはならない」（五月二三日）と、その苦労を書いている（エドワード・D・ダンロップ著　河内賢隆・山口晃訳『ウェアリー・ダンロップの戦争日記――ジャワおよびビルマータイ鉄道　一九四二―一九四五』而立書房、一九九七年）。

食糧や生活物資の補給も途絶えがちだった。赤痢、熱帯性潰瘍に苦しむ捕虜に追い打ちをかけたのがコレラの蔓延である。豪雨の中の作業現場は地獄のような惨状だったが、その中でも、大本営は鉄道の完成を急いだ。ビルマ、インドへ兵を進めるためである。

現場が厳しいものであればあるほど、勤勉で有能な李鶴来さんは上官にとっては頼もしい存在だったろう。自然条件の厳しい朝鮮の山あいの村に育ち、体力も気力も充実していた時である。捕虜に舐《な》められないようにとの気負いもあったのだろう、苛酷な条件に耐えながら歯を食いしばって任務を遂行しようとした。最年少にもかかわらず軍属の中でリーダー的な存在だったことからも明らかなように、李鶴来さんは優等生だった。二年の勤務の後に、恩給対象の雇員に昇進した、数少ない軍属の一人である。なお、抗日組織を密かにたちあげた李相汶《イサンムン》さんも雇員に昇格している。

（傭人は軍属の最下級の階級で、「労務者」の扱いであり恩給対象にはならない。雇員から軍人恩給の対象になるが、李鶴来さんは勤務年限が足りないために恩給は支給されない。また、一九五三年八月に復活した軍人恩給には国籍条項があり、年限を満たしていたとしても朝鮮人軍人・軍属には支給されない）

連合国の戦犯追及

日本の敗戦後、連合国は日本の戦争犯罪の追及に乗りだした。中でも国際法に違反した捕虜虐待が重視された。泰緬鉄道は、イギリスやオーストラリアで「死の鉄路」と称されているように、「残虐な日本」の象徴のような現場だった。「殴打」「拷問」「強制労働」「飢餓」――捕虜たちが強いられた労働と処遇がどれほど苛酷だったのか、その死者数に現れている。約五万五〇〇〇人の捕虜うち一万一〇〇〇人から一万六〇〇〇人が死亡している。なお日本政府が戦後たちあげた俘虜関係中央調査会による「泰、緬甸連接鉄道建設ニ伴フ俘虜使用状況調査」によると、死亡者数は一万六七二人となっている。いつの時点、どの範囲までを泰緬鉄道関係の死者と数えるのか、資料によって数字が異なっているが、いずれにしても一万人をこす捕虜がジャングルの中で命を落としていた。辛うじて生きのびた者も心身に深刻な傷を負っていた。捕虜たちの日本軍への憎しみ、恨み、憎悪の念は深い。終戦とともに彼らの怒りが爆発した。苛酷な労働と虐待の記憶と憎しみが加害者に向けられ、その責任が追及された。被害者は、被害を受けた事実を細部にわたるまで覚えている。

戦争犯罪を裁く軍事裁判がアジア各地で開かれた。李鶴来さんだけでなく日本軍の兵士たちもまた予想もしていなかった「戦争犯罪」の追及だった。泰緬鉄道の現場でいの一番に召喚状を受け取ったのは、チョンカイの岩山を掘削した樽本重治《たるもとじゅうじ》鉄道隊小隊長だった。将校を使役に出したこと、高級将校を殴打したことから憎まれていたのである。こうした捕虜の扱いに示されているように、泰緬鉄道の建設が困難だったことを、樽本さんはその手記に書いている（『ある戦犯の手記　泰緬鉄道建設と戦犯裁判』現代史料出版、一九九九年）。

開戦直後、日本は米英に、捕虜の取扱いを定めた国際条約（ジュネーブ条約）を「準用」すると回答していた。だが、実際の処遇は国際法に違反していた。しかも現場で捕虜を扱う監視員だけでなく、彼らを訓練した日本人下士官もその条約の内容を知らなかった。ジュネーブ条約という名前さえ知らない下士官もいた。李鶴来さんも捕虜の扱いを定めた国際条約があることすら知らなかった。現場では捕虜取扱いの国際条約など一顧だにされなかったという。

連合国は、戦争中からこうした日本の捕虜虐待の情報をつかみ、抗議や問い合わせを行っていた。日本政府もこれに回答しているが事態は改善されないまま、敗戦を迎えた。「捕虜が皆殺しにされる」との危機感を抱いていた連合国がまず着手したのが、日本軍の手中にある捕虜の救出だった。八月下旬には捕虜収容所の場所を特定して、大量の食糧、医薬品、日用品の投下を開始している。日本国内の収容所だけでなく、日本軍が占領していたアジア各地に作られていた収容所に、B29などから物資を投下したのである。その後、捕虜の身柄を確保し、医療を施したのちに本国へ引揚げさせている。

「捕虜虐待」の現場

捕虜の身柄を確保したあと、連合国は捕虜を虐待した者の責任追及をはじめた。政策を立案し、実行した責任者だけでなく、現場で捕虜を管理し、労働に使っていた者の責任も追及された。

連合国は、マニラに降伏文書の受領に訪れた参謀次長河辺虎四郎《かわべとらしろう》中将に、捕虜収容所の位置、人員一覧（収容所別の捕虜の数、一般抑留者数）を提出するように求めていた。九月二四日にはGHQ（連合国軍総司令部）が捕虜収容所に勤務した職員名簿の提出を指令した。なお、フィリピンでは一九日にすでに提出命令が出されている。捕虜虐待は、戦犯追及の重要課題であった。階級や国籍に関係なく個人の責任を追及する、これが連合国の考え方だった。捕虜を日常的に監視し、鉄道隊の要求に従って捕虜を労働に出していた捕虜収容所は、追及の矢面に立たされた。ジャワ、マレー、タイ捕虜収容所は、日本人将校、下士官の下に、多数の朝鮮人軍属が配属されていた。日本軍の組織としては特異の編制だった。これら朝鮮人も「日本人」として追及の矢面に立たされた。名前、時にはあだ名や顔を覚えられている捕虜収容所の将兵が、つぎつぎに逮捕された。仕事熱心な李鶴来さんも時には、鉄道隊の要求で多少無理をしてでも捕虜を労働に出したこともあった。それは自分でもわかっていたが、長期間の勤務の中で気がつかないうちに恨まれるようなこともあっただろう、追及の対象になった。

捕虜を使って作業をした鉄道隊は、陸軍の中でも有罪、特に死刑判決を受けた者が多かったが、その鉄道隊よりさらに多くの戦犯を出したのが捕虜収容所である。捕虜との接触が多ければ多いほど、恨みを買うことも多い。また、鉄道隊は作業と共に移動し、捕虜も入れ替わるため、加害者を特定しにくかったが、捕虜収容所の軍人や軍属たちは、収容所を管理し、捕虜と共に作業現場を移動していた。いやでも捕虜と顔を合わせる。

捕虜を使役した現場は、泰緬鉄道だけはない。スマトラ縦断道路、アンボン島やハルク島やフローレス島の飛行場建設などにも動員されていた。これらの現場ではたらく捕虜の監視にあたった朝鮮人監視員もまた、虐待の責任を追及されている。日本国内では三池炭鉱や日本鋼管、新潟鐵工所などの工場や港の荷役などに捕虜を使っていたが、監視は日本人の軍人軍属が行い、戦争末期には日本人の傷痍《しょうい》軍人軍属が配属されていた。彼らもまたその「戦争犯罪」を追及されている。

日本の戦争犯罪を裁いた裁判は、東条英機たち責任者二八人を起訴した極東国際軍事裁判いわゆる東京裁判と、李鶴来さんたちのような現場で働いていた者の「通例の戦争犯罪」を追及したいわゆるBC級戦犯裁判がある。東京裁判は東京市ヶ谷で、世界が注視する中で審理が進められていった。だが、アジア各地四九カ所で開かれたBC級戦犯裁判は、当初、ほとんど注目されなかった。日本からの弁護士派遣が間に合わなかった法廷もあった。シンガポールの華人大虐殺の裁判のように、被害者の憎しみの中で開かれた法廷もあった。だが、時とともに傍聴する者も少なくなっていた。李鶴来さんも、証人の出廷も認められないまま、弁護士と二人で絞首刑の判決を聞いた。

現場が苛酷であればあるほど、虐待もおこる。李鶴来さんが勤務したヒントク一帯は捕虜たちが「Hell Fire Pass」（地獄の業火峠）と呼んでいた、最大の難所だった。立ちはだかる岩山を爆破して、線路を敷設する工事である。岩山にノミやハンマーで穴をあけ、そこにダイナマイトを装填《そうてん》して爆破する。その作業をくりかえした。この労働にかり出されたのが、ダンロップ軍医が率いる部隊だった。一六二頁の写真の右端にいるトム・ユーレンは、ダンロップ部隊で「人間ハンマー」（削岩機）になって働いたという。ボクサーだったトムは一八〇センチを超す背丈で体格もよく、連日、岩山に穴をあける労働をさせられた。工事責任者は弘田栄治鉄道隊小隊長、収容所の責任者は臼杵喜司穂《うすききしほ》中尉。李さんは臼杵中尉の下で勤務していた。裁判では弘田小隊長も臼杵分遣所長も絞首刑になった。李鶴来さんも一度は死刑判決を受けたように、泰緬鉄道の難所ヒントクで労働させられた捕虜の恨みは、とりわけ深い。

「なぜ、戦犯に――」

「なぜ、戦犯に」、捕まった時も判決を受けた後も、李鶴来さんは納得できる答えを見いだせなかったのではないのか。そもそも上官の命令に従ってまじめに勤務していたのに、なぜそれが「戦争犯罪」なのか、飢えと重労働に苦しむ捕虜が気の毒だと思ってはいたが、自分ではどうすることもできなかった。せめてと思い、卵を買ってあげたこともあった。たしかに一度か二度殴ったことはあったが、それが死刑になるような虐待なのか。なぜ、自分が捕虜虐待の罪を問われるのかがわからなかったし、それを裁く軍事法廷についての知識もなかった。必死で考え、弁護士にも話したが、その想いが十分に伝わらないうちに判決が下った。考えてもみなかった「絞首刑」だった。判決直後は「ぼーっ」としてしまったというが、やがて、「お父さんやお母さんはどうしているだろう、これを聞いたらどんなに悲しむだろう」「なぜ、軍属の募集に応じたのか」「なぜあの時、労働に出したのか」――さまざまな想いに心が乱れただろう。やっと戦争が終わり、祖国が解放されたというのに、なぜ、戦犯として死刑にならなければならないのか。その死を受け入れるには、二〇歳そこそこの肉体はあまりにも健康だった。死刑房でどれほど苦しんだのか、李さんは多くを語らない。「罪」の意識がないだけに、自らに死刑判決を納得させることは難しい。同じように泰緬鉄道で働いていた文泰福《ムンテボク》さん、洪鐘黙さんも、求刑・判決とも死刑（のちに二人とも減刑）だった。

死刑執行におびえながら八カ月をＰホール（死刑房）で過ごした。壁にはすでに執行された者が刻んだ文字や爪跡が残っていた。すぐ近くに作られていた絞首台での絶叫も踏み板の跳ねる音も聞いた。「うちらの仲間」の林永俊《イムヨンジュン》さんを送り出した後、李鶴来さんは減刑になって死の淵から引き返してきた。その後の人生は、「うちらの仲間」の死を背負って、日本政府の理不尽な処遇への闘いに捧げられてきた。

一九七八年に初めてお会いしてから一緒に行動することも多かったが、李鶴来さんが酒を飲んで大声で騒いだり、大笑いした姿を見たことがない。物静かでどこか寂しげな面持ちで人の話を聞いている。そして、死刑房で身についてしまったのか、時折、深～いため息をつく。歌もうたわない。たった一度、韓国の唱歌「故郷の春」を遠慮がちに口ずさんでいたのを耳にした。

スガモプリズンでの猛勉強

李鶴来さんの転機はもう一つある。スガモプリズンでの猛勉強である。オーストラリア裁判の戦犯が日本に送り返されたのは一九五一年八月、サンフランシスコ平和条約の締結直前である。すでにオランダ関係の戦犯たちがスガモプリズンに収容されていた。その中には朴《パク》昌《チャン》浩《ホ》さんや文済行《ムンジェヘン》さんや朴允商《パクユンサン》さん、高在潤《コジェユン》さんや尹東鉉《ユンドンヒョン》さんたちがいた。

日本人の松浦《まつうら》猪佐次《いさじ》さんや飯田進さんたちは、「アジア解放」の大義を信じて「大東亜戦争」を戦ったが、戦犯になってそのアジアの民衆から罵声をあび、石つぶてを投げられたという。そのショックは大きかった。日本の戦争の「大義」とは何だったのか、スガモの中で勉強し、討論をしていた。

敗戦直後のスガモでは焼け跡のかたづけなどのきつい労働があったが、五年もたつと労働も緩やかになっていた。特にサンフランシスコ平和条約の発効後、管理が日本政府に移った後の巣鴨刑務所（日本に管理が移管されたのちの名称）は、三食と寝所を保証された「宿舎」のようになっていった。国会図書館の上野分室から希望の図書を取り寄せることもできた。その中には社会科学の本もあった。マルクス主義経済学の本も借りられた。中国革命の本もあった。もちろん文学書もあった。戦犯の中には元外交官、法律の専門家、語学の達者な者など多才な人たちがいた。芥川賞をとると張り切っていた文学青年もいた。講師には事欠かない巣鴨に、学園が出来た。職業訓練もあった。李さんは運転免許をもっているが、巣鴨の中の「教習所」でとったという。

勉強したくて軍属になった李鶴来さんは、巣鴨刑務所でその希望をかなえることができた。本来の生まじめさから懸命に勉強した。それだけでは物足りなかったのか、外出が自由になると東京田町にあった中央労働学院に入学した。月謝が安かったからという。驚いたのは机を並べて勉強する学友たちである。なぜ、戦犯がここにいるのか、「スパイではないか」と疑ったという。無理もない。BC級戦犯とは何か、何を裁かれたのかなど、十分に理解されていなかったときである。東条英機たちA級戦犯を「文明の敵」として裁いた東京裁判については大々的に報道されていたが、A級とBC級との区別も当時ははっきり認識されていなかった。

誤解が解けて一緒に学んだ柴田裕治さんは李さんの学友である。学校に行けなかった李さんは日本で学友ができた。なお、伊江島闘争の阿波根昌鴻氏は学院の後輩にあたる。柴田さんや後輩の桜井小夜子さんたち中央労働学院の学友たちが、のち「条理裁判」（日本政府を相手に謝罪と補償を求めた裁判。弁護団長今村嗣夫）の運動を支えた。裁判の傍聴記を機関誌に掲載し、李鶴来さんの半生の聞き書きをしたのも学友たちだった。

中央労働学院で勉強する一方、巣鴨の若い戦犯たちが集まるグループに参加した。スガモの所内紙『すがも新聞』（刊行・巣鴨新聞社）に、松浦さん、飯田さんが時々、投稿していた。松浦さんは新聞のガリ版きりもしていた。彼らが映画研究会や、社会科学研究会のような名前を付けては集まって議論していた。李さんも会合に出たり、話を聞く中で、世の中がどのような仕組みになっているのか、侵略戦争がなぜおこるのか、裁いた連合国の「正義」とは何だったのかなど、今まで考えてもみなかったことを学んだ。目からうろこである。二度とだまされないと考え、勉強した成果が、本書のベースにもなっている『私の手記』である。

他の仲間が仮出所、あるいは満期で刑務所を出て、生活と格闘しているときに、李さんは巣鴨で勉強する時間と場所を与えられたのである。その学習と議論から、松浦さんや飯田さんたちは、植民地出身の戦犯者の問題にも関心をいだき、彼らの運動を支援した。巣鴨の所内に張り出した壁新聞に、彼らの訴えを書いて張り出したのも松浦さんである。松浦さんや飯田さんたち日本人戦犯は、戦犯だったから書くことができた手記を『われ死ぬべしや』(亜東書房、一九五二年)や『あれから七年』(光文社、一九五三年)『壁あつき部屋』(理論社、一九五三年)として世に問うた。『壁あつき部屋』の中には洪起聖《ホンギソン》さんが金起聖《キムギソン》のペンネームで「朝鮮人なるがゆえに」を書いている。「大東亜戦争」に加担した自らを問い直す戦犯の手記は、大きな反響を呼んだ。橋本忍や安部公房が手記をもとに脚本をまとめ、テレビドラマと映画「私は貝になりたい」や映画「壁あつき部屋」が制作されている。

同進会を訪ねる

李鶴来さんに初めてお目にかかったのは一九七八年、板橋の同進交通(現在も同名の会社はあるが経営者は変わっている)の事務所である。朝鮮人戦犯の問題は、岡本愛彦演出の「ある告発」(日本テレビ、一九六九年)でとりあげられていたが、最後の数分しかみることができなかった。朴慶植『朝鮮人強制連行の記録』(未来社、一九六五年)にも言及されていたが、なぜ、朝鮮人を「日本人」として裁いたのか。なぜ、二三人もの朝鮮人が死刑になったのか。そもそも戦争犯罪とは何か。こうした疑問は解けなかった。傷痍軍人・軍属の問題は大島渚「忘れられた皇軍」(一九六三年)で明快に描かれていた。

直接、当事者から話を聞く心の準備ができないまま、一九七五年にはインドネシアのバンドンに日本語教師として赴任した。帰国後、思い切って「韓国出身戦犯者同進会」に連絡をとった。インドネシアの独立英雄になった梁七星《ヤンチルソン》（日本名梁川七星）がジャワで捕虜監視員をしていたことがわかったからである。当時の会長李大興《イデフン》さんはインドネシア・フローレス島の飛行場建設に動員された捕虜を監視していた。帰国したばかりの私は、李大興会長や金完根《キムワングン》さんたちとインドネシア語を交えての会話である。久しぶりにインドネシア語を思い出して話す二人は楽しそうだった。しかも、梁七星のことを知っていた。梁は敗戦後、逃亡してインドネシア独立軍にはいったが、ゲリラ闘争の中でオランダ軍につかまり、銃殺された。李大興さんはジャカルタのチピナン刑務所で銃殺直前の梁七星を見かけていた。

　オランダ軍に銃殺されたが、一九七五年に、インドネシアの独立英雄になった梁七星、オランダ裁判で戦犯になった李大興さん、二人ともジャワ捕虜収容所の監視員だった。

　李大興さんは「インドネシアで独立運動をやったのもいたんだよ」と教えてくれた。それが高麗独立青年党を結党した李相汶《イサンムン》さんたちだった。インドネシアの中部ジャワで朝鮮の独立運動をやろうと結党したが、行動を起す前に、治安維持法違反で捕まってしまったのである。捕虜監視員の軌跡は多岐にわたっていた。

　タイにいた李鶴来さんも高麗独立青年党が「叛乱」を起こしたらしいとの噂を耳にしていたが、若い李さんが考えてもみなかった行動だった。「エライなー」とは思っても、すぐ自分の行動に結びつかなかった。タイでも捕虜と一緒に逃亡を図った軍属がいたが、捕まって処刑されていた。

遺骨送還の国会請願

同進会は「戦犯」という一点でまとまっていたので、ジャワ、タイ、マレーとそれぞれの現場で何があったのか、なぜ、戦犯になったのか、必ずしもお互いの背景を知っているわけではなかった。それでも日本政府の不当な扱いへの「怒り」は共有していた。「日本人」として使っておきながら「外国人になった」ことを理由に、補償から排除する日本政府の不条理な扱いへの怒りを共有していた。巣鴨刑務所を出たあとの異国での苦しい生活も共通していた。南方から占領下の日本に送られてきた戦犯たちは、文泰福さんのように日本で中学を出た人もいたが、ほとんどが初めての日本だった。ゼロから、いやマイナスからの出発である。仮釈放などで身寄りのない日本に放り出されたが、日本人戦犯に支給された恩給、年金、弔慰金は、「外国人」だからと支給されなかった。

二人の仲間が自殺をすると、「殺されない」ために行動を起こした。「我々は前科千犯だ、怖いものはなかった」と尹東鉉さんは話していた。これ以上悪くなることはない中で首相官邸前に座り込んだこともあった。そうした運動の中で「同進会」が結成された。年長者で、頭の切れる金鏞《キムヨン》さんや洪起聖さんたちが運動をリードした。最年少の李鶴来さんは黙々と運動を支えていた。持ち前の律儀さと緻密さは、運動の中で活かされた。細かくメモを取り、資料をまとめ、連絡をとる。資料整理もおこたりない。会が活動を続けていくのに必要な事務作業は自然と李鶴来さんが担うことになった。今でも、書類を持ち歩き、細かくメモを取る運動のスタイルは変わらない。いつでも取り出せるようにと封筒に一式書類を入れて、機会あるごとに政治家や官僚だけでなく、メディアなどにも「不条理」を訴える。こうした李鶴来さんの活動は六十数年、続いてきた。

一九七八年、「同進会」は遺骨送還の問題に直面していた。シンガポールから持ち帰られた刑死者の遺骨は、日本人の場合は遺族に送り届けられていたが、朝鮮人の遺骨は置き去りにされていた。しかも福岡の倉庫に保管されていた。同進会が抗議すると、目黒の祐天寺に移されはしたが、遺族を捜そうとしない。遺骨送還にあたって補償金も弔慰金も出なかった。日韓条約で「すべて解決済み」と主張する日本政府がするのは、香典として二万円を出すことだった。これが刑死した「仲間」の遺骨を「クニ」に返す時の日本政府の扱いだった。李鶴来さんたちは怒ったが、その怒りを政府を動かす力に変える術がなかった。李さんたちの事情を理解して政府に働きかけてくれた議員もいたが、選挙権をもたない李さんたちができることは限られていた。

一つの方法として「国会請願」を考えた。押しても引いても動かない日本政府を動かすために「国会請願」をやろう、とにかく、当面の膠着状態を打開する一つの方法ではある、私はこう提案したが、李鶴来さんは乗り気ではなかった。

「なぜ私たちが日本政府にお願いしなければならないのだ」と。

正論である。しかし、局面を打開するには何でもやろうということになり、国会請願活動を始めた。請願には紹介議員が必要だったが、知っているのは土井たか子さんぐらいだった。これまで李さんたちの運動に協力してきた議員はすでに議席をもっていなかった。一九六〇年代後半、「出入国管理令」の改悪反対の運動のなかで社会党土井たか子さんの秘書五島昌子さんとは面識があった。李鶴来さんたちの話を聞くとすぐ、土井さんにつないでくれた。土井さんの感度も鋭かった。問題の本質を見抜き、紹介議員になってくれたばかりか、他の議員も紹介してくれた。土井事務所を拠点に、議員の部屋をまわった。その中にはのちに首相になった村山富市さんもいた。

遺骨を送還すること、送還にあたっては補償をすることを請願の文言に盛り込んだ。だが、採択されなかった。「補償」の文言がひっかかったのである。翌年は「送還にあたっては誠意を尽くすこと」との文言に変えざるを得なかった。その結果、請願は採択された。

社会労働委員会委員だった村山富市さんが電話をくれた。「よかったですね。請願が採択されましたよ」と。私は「李鶴来さんに直接連絡してください。皆がどんなにこの知らせを待っているか。聞いたら喜びます」、こうお願いした。

請願は採択されたが、遺骨を送還するまでの道のりは遠かった。採択された請願書をもって何度も厚生大臣や役人に会ったが、状況は変わらなかった。「遺族が判明すれば遺骨はお返しします。係官が誠意をもって韓国の遺族にお返しします」と言う。しかし、補償や弔慰金などは「日韓条約ですべて解決済みです」との一点張りである。そんなことはわかっている。だから請願をしたのに――。度重なる話し合いでも一向に事態が打開しない。激昂した李大興さんが声を荒げたこともある。いつも控えめな李鶴来さんが詰め寄ったこともあった。結局、補償はできないが厚生大臣が弔慰金をだして、遺骨を送り届けることができた。「日本政府のやることなど、この程度でしょう」と言った高在潤さんの言葉が忘れられない。

問題は片付いていない。李鶴来さんは「しつこい」。「仲間」たちの怨念をどう晴らすのか、不条理な処遇をどう変えるのか、そのために同進会としてどのような運動をするのかを考え続けている、同じ戦犯仲間でも死刑囚と有期刑の違いもある。「ソロソロこの辺で」と思った仲間もいただろう。だが、それを許さない李さんの執念が六〇年以上も「同進会」の運動をひっぱってきた。

元捕虜ダンロップ軍医との邂逅

運動を続ける李鶴来さんにもう一つの大きな出会いがあった。泰緬鉄道の現場で「対立」していたダンロップ軍医との邂逅である。

一九九一年、オーストラリア国立大学のセミナー室には緊張感がみなぎっていた。張りつめた空気の中で、李鶴来さんが六人の元捕虜に戦争中の「虐待」を謝罪した。彼の戦争犯罪を告発したサー・エドワード・ダンロップ元軍医も同席していた。

鉄道隊の要求で一人でも多くの捕虜を労働に出す任務を課せられた李鶴来、一人でも少なくして捕虜を救おうとしたダンロップ、二人は時に激しく対立した。李さんはオーストラリア裁判で死刑の判決を受けたが、その決め手の一つがダンロップ元軍医の供述書だった。だが、彼は李鶴来の死刑判決に承認のサインをしなかった。二〇年に減刑になった理由の一つにダンロップ元軍医のこの判断があった。なぜ、減刑になったのかその経緯を知らない李鶴来さんは、告発した一人としてダンロップの名前を心に深く刻んでいた。四十数年の歳月が、二人の再会を可能にした。二人をつないだのがＮＨＫスペシャル「チョウムンサンの遺書――シンガポールＢＣ級戦犯裁判」（一九九一年八月）を制作した桜井均さん、鎌倉英也さんたちである。

元捕虜たちの日本軍に向ける憎しみは深い。日本軍の一員であった李鶴来さんとの出会いで何が起こるか予想がつかなかった。元捕虜にはオーストラリア国立大学のＨ・ネルソンさんが、李鶴来さんには上智大学の村井吉敬さんがつきそっていた。朝日新聞の増子義久記者も同席していた。刺すような視線を向ける捕虜もいたが、ダンロップさんはじっと李さんの謝罪の言葉に聞き入っていた。李鶴来さんはスピーチの最後に、戦後、チャンギー刑務所で受けたオーストラリア軍兵士たちによる虐待、暴行に触れた。チャンギー刑務所でのこの虐待が、戦犯容疑者たちを頑なにし、その「犯罪」を認めようとしなくさせていたことを伝えたかったという。加害者が被害者に向って「そういうお前もこんな悪いことをしたではないか」と、ともすれば居直りと受けとられかねない。思い切った決断だったが、李さんはこれだけはどうしても言いたいと、腹を決めていた。いち早く引揚げていたダンロップさんたちが初めて聞く話だった。入りくんだ被害と加害の歴史体験、心のわだかまりを出し合うことで、二人はお互いを理解しようとしていた。日豪の歴史的背景を熟知する日本現代史の研究者G・マコーマック教授が、会話の微妙なニュアンスを見事に通訳し、二人をつないだ。

積年の想いが少しは軽くなっただろうか、李鶴来さんとダンロップさんはにこやかに握手していた。ダンロップさんは李さんに自伝を贈っている。李さんはダンロップさんに「No more Hintok」と刻んだ時計を送った。二人の間では少しはわだかまりが軽くなったのだろうが、「人間ハンマー」トム・ユーレンさんの心は晴れなかったのか、表情は苦虫を噛みつぶしたようだった。

日本政府に謝罪と補償を求め続けて

一九五六年一〇月、李鶴来さんは巣鴨刑務所を正式に出所した。すでに一九五五年四月、「韓国出身戦犯者同進会」が組織され、「外国人」になったと援護措置から排除される中で補償を求めて活動を続けていた。李さんも巣鴨からこの活動に参加していた。出所後、李鶴来さんは日本で生きていくために、生活を立て直すのに苦労をした。だがその中でも一時も脳裡をはなれなかったのは、死んだ仲間たちのことだった。死刑囚としての記憶と死者への想いが李さんの背中を押している。「仲間」たちへの「謝罪と補償」を求めて国会議員会館をまわっている。それは「ぼろ雑巾」のように自分たちを使い捨てた日本政府に対する、人間としての尊厳を賭けた闘いでもあった。

死刑囚としての八カ月、学習に明け暮れた巣鴨刑務所での暮らし、そのなかで育まれた強靭な精神に支えられた活動である。李さんは自分でも「しつこい」と話しているが、六十数年間の運動は、そのしつこさがあって、はじめて続いてきたのではないのか。ほとんどの「仲間」が鬼籍にはいってしまった今、残された李さんは、有光健さんなど日本人と一緒に国会議員に働きかけている。自分たちを使い捨てた日本政府から、謝罪の言葉を聞きたい、その一念が九一歳の足を国会に向かわせる。なぜ、朝鮮人が戦犯になったのか。「何のために、誰のために」と、自らにそして日本人に問いかけながら。

●新聞投稿より

論壇

李《イ》　鶴来《ハンネ》

韓国人元戦犯に謝罪と補償を

与党内に戦後五十年問題プロジェクトチームが設置され、戦後補償問題について、検討中であることを聞き及んでいる。これまでの新聞報道によると民間基金構想による「見舞金」という形で決着をつけようとしている。これでは日本政府の責任の所在が不明確であり、また元従軍慰安婦問題に限定しているようだが、不可解であり不誠実な対応である。

元従軍慰安婦、強制連行、強制徴用の軍人軍属、戦後軍務中の責任を問われたBC級戦犯問題は、それぞれ特殊事情はあるが、いずれも日本の植民地支配による皇民化政策や戦争遂行のために、引きおこされた同根の問題である。

私自身、一九四二年六月、軍属として二年の契約で日本軍に徴用されたが、この契約はほごにされ、軍隊で三年余、戦後は戦犯として十一年の長きにわたる拘禁状態におかれた。死刑判決から懲役二十年に減刑され、かろうじて生きながらえてきた。だが、友人の中には多数の刑死者がいる。彼らの無念さやご遺族の心情を思うと断腸の思いである。遺骨送還さえまだ完全に終わっていない。東京都目黒区の祐天寺には、今も五柱の遺骨が安置されている。

私たちBC級戦犯の多くは、日本軍の作戦遂行のため南方各地の飛行場、軍用道路、泰緬（たいめん）鉄道建設に使役された連合軍捕虜の監視業務についていた。戦後の連合軍の裁判は、日本の捕虜の扱いを大きな問題とした。捕虜収容所における設備不良、食糧、医薬品の不足という状況を放置し、病人を強制的に就労させ、多数の捕虜を死亡させたというのが起訴内容である。何ら権限を持たない私たちに責任を帰せられ、戦犯に問われた。二十三人が死刑。百二十五人が有、無期刑の重刑に処せられた。

五一年八月、シンガポールのチャンギー刑務所から日本のスガモプリズンに移管された私たちは、五二年四月のサンフランシスコ講和条約発効後も釈放されなかった。最高裁判所も私たちの即時釈放請求を棄却したのである。

この間、出所した者は仮釈放のため帰国も許されず、何ら援護措置もないまま厳しい社会に放り出されたのである。生活苦やえん世感から二人の友人が自殺に追いやられた。戦犯になった衝撃で精神障害をおこした数人の友人は精神病院に移送され、うち一人は戦争が終わったのも知らず、家族との連絡もとれないまま四年前七十八歳の生涯を閉じた。

このような苦境の中で、私たちは処遇改善、即時釈放、釈放後の住宅、就職のあっせんや生活資金を要求する運動をくり返してきた。五五年四月からは、遺族補償及び遺骨送還、国家補償を要請してきた。時には、首相官邸や私邸に出向き、あるいは主務大臣、政府要人に面談し要請し続け、四十年近く運動をくり返してきた。その都度、日本政府は「善処したい」とか「とりあえずの措置を講じる」とか約束した。ところが、六五年以降は、日韓条約で「一括解決済み」であるとして、全く誠意を示さなかった。

「日本人」として裁かれ、拘束され、戦後処理までさせられ、〝外国人〟だからといって援護も補償も何もしようとしない。そのあげく日韓条約を盾にとって私たちの要求を門前払いにしている。

日本政府は、私たちを都合のよい時は〝日本人〟、悪い時は〝朝鮮人〟として扱った。

このように戦前戦後を通じ私たちにあらゆる犠牲を強要し、生命までも強奪していながら用済み「使い捨て」のご都合主義は絶対に容認できない。

日本政府は、正しい歴史認識と反省、加害責任を自覚し、戦後処理、補償問題を処理するのが道理であり、個々の問題について真の謝罪と補償をすべきである。

私たちは、あらためて日本政府に謝罪と国家補償を要請する。そして、戦後五十年を契機に終わりなき戦後を終わらせたいと念願している。

私たちは九一年十一月、やむを得ず日本政府を相手に条理に基づく謝罪と補償を求め提訴し、現在東京地方裁判所で審理中だが、公正な裁判を期待するとともに、日本政府の良識と道義心を問うものである。

（韓国・朝鮮人元BC級戦犯補償請求訴訟原告＝投稿、東京都）

『朝日新聞』1994年12月28日

オピニオン◎opinion

論壇

李《イ》 鶴《ハン》 来《ネ》　「韓国出身元戦犯者同進会」会長
タクシー会社役員

日本の良識と道義心に訴える

総選挙直前の慌ただしい雰囲気の五月末、一つの法案が成立した。「平和条約国籍離脱者の戦没者遺族への弔慰金等支給法」という名称からは分かりにくいが、要するに、太平洋戦争中、日本軍の兵・軍属として使用されながら、戦後日本政府から一切の補償を拒絶されてきた在日韓国・朝鮮人や台湾出身者に、一時金を支給する法である。

これは、かつて日本軍の軍属として「徴用」された結果、現在まで日本に「在住」することになった私たちに、深くかかわる問題である。旧知の元日本軍将校が「ようやく補償の対象と認められて良かったね」と電話をくれたが、これは彼の誤解であって、私たちはこの法によって何の補償を受けることもない。対象は戦死者の遺族と重度戦傷病者だからである。もちろん、従軍慰安婦、強制連行問題も視野の外である。

私が「徴用」されたのは、一九四二年、十七歳の時だった。のちに捕虜業務に関する何の教育を施されることもないまま、「クワイ河マーチ」で知られるタイ捕虜収容所に派遣された。そして敗戦後、連合国軍捕虜の虐待（強制労働、食糧・医療品の不足、それらの結果としての死亡）にかかわって当然日本軍が負うべき責任を肩代わりさせられ、BC級戦争犯罪人として連合国軍に逮捕された。

当時、捕虜収容所勤務を命じられていた朝鮮青年は三千余名。そのうち二十三人が、軍事法廷であらぬ罪を負わされ、無念の思いとともに刑場の露と消えた。死刑を宣告されながら処刑寸前に減刑された私は、有無期刑とされたほかの同胞百二十五人とともに現地及びスガモプリズンで服役。ようやく出獄を許されたのは五六年——「徴用」から十四年目の秋だった。

釈放後も苦難は続いた。待ち焦がれた祖国への帰還もかなわず、日本国籍でないことから援護法制から排除され、何の補償もないまま見知らぬ地に放り出された。戦争中ようやく生き永らえた命を、戦後の生活苦の中で自ら絶った仲間が何人もいた。

しかし、私たちを何よりも苦しめたのは、私たちに刻印され、帰郷を阻む主要因ともなった「戦争犯罪者」の汚名だった。その悔しさに、処刑された二十三人をはじめこの汚名のもとに逝った仲間たちの無念の思いが重なり、それを晴らすために闘い続けることが、生き残った私たちの使命となった。

しかし日本政府は、歴史的認識も反省もなく「用済み使い捨て」の人権侵害を続け、一貫して何の措置を講じようともせず、六五年以後は日韓条約で「一括解決済み」であることを理由に全く取り合おうとしなかった。そこでやむを得ず、条理に基づく謝罪と国家補償を要求し、九一年東京地裁へ提訴し、昨年十二月の最高裁判決に至る八年余、司法の判断を求めた。

請求は退けられたが、最高裁が「我が国の統治下で半ば強制的に応募させられ、深刻かつ甚大な犠牲ないし損害を被った。立法措置が講じられていないことについて不満の心情を理解し得ないものではない」と判示するなど、地裁、高裁とも立法による解決を促した。政府や国会は、速やかに立法措置を講じるべきではないだろうか。

この国の責任ある政治家の「二十世紀中に起きた問題は、二十世紀中に解決する」という言葉を信じたい。

「戦犯仲間」の高齢化も進み、他界する者が続いている。最年少の私も七十五歳になり、骨をこの地に埋めるべき運命となった。この間この国で生まれ育った子や孫が、今後もこの国でお世話になることは間違いない。私たちの重い過去と平和の尊さを後裔たちに伝え、韓日両国の友好親善の増進に尽くしたい思いである。

私たちBC級戦犯問題は、その特殊性からほかの戦後補償と違う。「日本人」として裁かれ刑に処されたため、もともと在日要件が欠けている者が多い。「在日」に限定せず、刑死者の在韓遺族、帰国者の区別なく全戦犯の問題であることを強調したい。

日本国民の良識と道義心に訴える。

＝投稿

『朝日新聞』2000年8月29日

私の視点

siten@asahi.com

韓国・朝鮮人元BC級戦犯者「同進会」会長

李《イ》　鶴来《ハンネ》

韓国・朝鮮人への償い未完

◆BC級戦犯

「BC級戦犯」だった私がスガモプリズン（巣鴨刑務所）から釈放されて、この10月で50年になった。

私が問われた罪は何だったのか。なぜ私が獄中にあった1955年に「同進会」を結成し、韓国・朝鮮人のBC級戦犯に対する名誉回復と補償を求め続けてきたのかについては、00年8月に本紙「論壇」で述べた。しかし、問題は解決されぬまま今に至っている。

私たちが日本軍の軍属として「徴用」され、朝鮮半島から南方各地に派遣されたのは42年の夏だった。捕虜収容所での監視任務に就かされたが、捕虜の取り扱いを規定したジュネーブ条約も教えられず、粗悪な衣食住、医薬品の欠乏、過酷な労働環境の中で、各地の収容所で多数の犠牲者を出した。当時17歳の私にとっては厳しい任務だった。

敗戦後、捕虜虐待などの「通例の戦争犯罪」を行ったとされ、無謀な捕虜動員計画を立案・遂行した責任者より、現場の捕虜監視員が多数、BC級戦犯として訴追された。監視員の多くは朝鮮と台湾の青年で、合計321人が有罪となり、内49人が処刑された。

理不尽を負わされた無念もさることながら問題はその後の日本政府の対応にあった。私たちは「日本人」として収監され服役したが、釈放された時は「外国人」。その後は「国籍がないから」と補償や援護の対象から外されたのだ。先に釈放された仲間や友人の世話で生き延びてきたが、日韓のはざまで見捨てられた身分だった。

そして65年に日韓請求権協定が結ばれると、日本政府は私たちの問題はすべてこの協定で権利が消滅し、終わったと言い出した。しかし、昨年韓国政府が公開した当時の会議録によって、協定交渉時に、日本政府は「これは別途研究したい」と提案して、交渉の対象にもしていなかったことが明らかになっている。

私たちは条理に基づき、謝罪と補償を求めて91年に東京地裁に提訴したが、99年に最高裁で請求は棄却されて終わった。しかし裁判所も私たちへの「不条理」を認め、判決の中で「適切な立法を講じることが期待される」と述べている。

韓国政府は今年6月、私たち朝鮮人元BC級戦犯は、植民地時代の日本の強制動員の被害者であると初めて認定し、11月中旬までに合計83人の名誉を回復してくれた。韓国の公共放送KBSも8月15日にこの問題の特集番組を放送し、戦後61年たってようやく、韓国の国民がBC級戦犯問題を知り、理解するところとなった。日韓の友人らが祝う集いを催し、激励してくれた。釈放後の、本当にありがたい夏となった。

この問題解決の残りの半分は日本政府が動いてくれない限り、実現しない。私たちを捕虜監視員にして派遣したのは韓国政府ではなく、日本国なのだから。

立法府は因果関係を踏まえて、「深刻かつ甚大な犠牲ないし損害」（最高裁）に対する立法措置を速やかに講じて欲しい。日本国民の道義心と良識に改めて訴えたい。

投稿は、〒104・8011朝日新聞企画報道部「私の視点」かsiten@asahi.comへ。本社電子メディアにも収録します。

『朝日新聞』2006年11月22日

●特定連合国裁判被拘禁者等に対する特別給付金の支給に関する法律案

（趣旨）

第一条　この法律は、特定連合国裁判被拘禁者が置かれている特別の事情等にかんがみ、人道的精神に基づき、特定連合国裁判被拘禁者及びその遺族に対する特別給付金の支給に関し必要な事項を定めるものとする。

（定義）

第二条　この法律において「特定連合国裁判被拘禁者」とは、日本国との平和条約第十一条に掲げる裁判により拘禁された者であって、同条約第二条（a）又は（b）に掲げる地域に本籍を有していたものをいう。

（特別給付金の支給及び裁定）

第三条　この法律の施行の日（以下「施行日」という。）において特定連合国裁判被拘禁者に該当する者又は施行日の前日までに死亡した特定連合国裁判被拘禁者の遺族には、特別給付金を支給する。

2　特別給付金の支給を受ける権利の裁定は、これを受けようとする者の請求に基づいて、総務大臣が行う。

（遺族の範囲）

第四条　特別給付金の支給を受けるべき遺族の範囲は、死亡した者の死亡の当時における配偶者、子（死亡した者の死亡の当時胎児であった子を含む。）、父母、孫、祖父母及び兄弟姉妹並びにこれらの者以外の三親等内の親族（死亡した者の死亡の当時その者によって生計を維持し、又はその者と生計を共にしていた者に限る。）とする。

（遺族の順位等）

第五条　特別給付金の支給を受けるべき遺族の順位は、次に掲げる順序による。この場合において、父母及び祖父母については、死亡した者の死亡の当時その者によって生計を維持し、又はその者と生計を共にしていたものを先にし、同順位の父母については、養父母を先にし実父母を後にし、同順位の祖父母については、養父母の父母を先にし実父母の父母を後にし、父母の養父母を先にし実父母を後にする。

一　配偶者（死亡した者の死亡の日以後施行日の前日以前に、前条に規定する遺族（以下この項において「遺族」という。）以外の者の養子となり、又は遺族以外の者と婚姻した者を除く。）

二　子（施行日において遺族以外の者の養子となっている者を除く。）

三　父母

四　孫（施行日において遺族以外の者の養子となっている者を除く。）

五　祖父母

六　兄弟姉妹（施行日において遺族以外の者の養子となっている者を除く。）

七　第二号において同号の順位から除かれている子

八　第四号において同号の順位から除かれている孫
九　第六号において同号の順位から除かれている兄弟姉妹
十　第一号において同号の順位から除かれている配偶者
十一　前各号に掲げる者以外の遺族で死亡した者の葬祭を行ったもの
十二　前各号に掲げる者以外の遺族

2　前項の規定により特別給付金の支給を受けるべき順位にある遺族が、施行日以後引き続き一年以上生死不明の場合において、同順位者がないときは、次順位者の申請により、当該次順位者（当該次順位者と同順位の他の遺族があるときは、そのすべての同順位者）を特別給付金の支給を受けるべき順位の遺族とみなすことができる。

3　特別給付金の支給を受けるべき同順位の遺族が数人ある場合においては、その一人のした特別給付金の支給の請求は、全員のためにその全額につきしたものとみなし、その一人に対してした特別給付金の支給を受ける権利の裁定は、全員に対してしたものとみなす。

（請求期限）

第六条　特別給付金の支給の請求は、施行日から起算して五年以内に行わなければならない。

2　前項の期間内に特別給付金の支給の請求をしなかった者には、特別給付金を支給しない。

（特別給付金の額）

第七条　特別給付金の額は、特定連合国裁判被拘禁者一人につき三百万円とする。

（特別給付金の支給を受けることができない者）

第八条　次の各号のいずれかに該当する者には、特別給付金を支給しない。
一　死亡した者の死亡の日から施行日の前日までの間に離縁によって死亡した者との親族関係が終了した遺族
二　禁錮以上の刑に処せられ、施行日においてその刑の執行を終わらず、又は執行を受けることがなくなっていない者（刑の執行猶予の言渡しを受けた者で施行日においてその言渡しを取り消されていないものを除く。）

（特別給付金の支給を受ける権利の承継）
第九条　特別給付金の支給を受ける権利を有する者が死亡した場合において、死亡した者がその死亡前に特別給付金の支給の請求をしていなかったときは、死亡した者の相続人は、自己の名で、死亡した者の特別給付金の支給を請求することができる。
2　前項の場合において、同順位の相続人が数人あるときは、その一人のした特別給付金の支給の請求は、全員のためにその全額につきしたものとみなし、その一人に対してした特別給付金の支給を受ける権利の裁定は、全員に対してしたものとみなす。

（譲渡等の禁止）
第十条　特別給付金の支給を受ける権利は、譲渡し、担保に供し、又は差し押さえることができない。

（非課税）
第十一条　租税その他の公課は、特別給付金を標準として、課することができない。

（都道府県が処理する事務）

第十二条　この法律に定める総務大臣の権限に属する事務の一部は、政令で定めるところにより、都道府県知事が行うこととすることができる。

（権限又は事務の委任）

第十三条　前条に規定するもののほか、この法律に定める総務大臣の権限又は権限に属する事務の一部は、政令で定めるところにより、国家行政組織法（昭和二十三年法律第百二十号）第三条第二項に規定する国の行政機関の長に委任することができる。

（政令及び省令への委任）

第十四条　この法律に特別の規定がある場合を除くほか、特別給付金に係る請求又は申請の経由及び特別給付金の支払方法に関して必要な事項は政令で、この法律の実施のための手続その他その執行について必要な細則は総務省令で定める。

附　則（略）

＊二〇一六年一〇月超党派の日韓議員連盟は、金額を「二百六十万円」とすることで合意。これは二〇〇〇年制定の「平和条約国籍離脱者等である戦没者遺族等に対する弔慰金等の支給に関する法律」（在日の戦没あるいは傷痍軍人・軍属に対する給付金）に準じる額として、与党側からの提起を反映したものである。これをもとに各党内での調整に入ったが、二〇二〇年現在、まだ提出されていない。

李鶴来・関連年譜

西暦	年齢	事項（ゴチック部分は主に個人史）
一九一〇		8・22　日韓併合
一九二五	0	**2・9（旧暦）　父李秉均、母高三叔の長男として、全羅南道宝城郡に生まれる**
一九三七	12	10・2　朝鮮総督府、「皇国臣民の誓詞」制定
一九三九	14	9・30　朝鮮総督府、国民徴用令施行
一九四〇	15	**3　小学校卒業。4　麗水で製材所工員、日本人宅書生等として働く** 2・11　朝鮮総督府、創氏改名の実施
一九四一	16	**2　宝城郵便局で働く** 12・8　日本、米英に宣戦布告。アジア太平洋戦争始まる。東南アジアで大量の連合国軍捕虜を抱える。 12・23　「俘虜収容所令」公布・施行
一九四二	17	**2　現金書留紛失事件を機に郵便局退職。5　捕虜監視員に応募。6・15　陸軍釜山の野口部隊に入隊。朝鮮全土から集められた三二二四名とともに訓練を受ける。8・17　釜山港出航。8・30サイゴン到着。9　タイ俘虜収容所第四分所配属。ワンヤイで捕虜収容所の開設、泰緬鉄道建設に使役の連合国捕虜の監視にあたる。12　カンニューに移動** 3・31　「俘虜取扱に関する規定」公布。5・5　俘虜収容所の監視員に、朝鮮人・台湾人をあてることを決め、募集始まる。5・8　東条内閣、朝鮮に徴兵制施行を閣議決定。8・17　朝鮮から三〇一六名を、タイ、マレー、ジャワ俘虜収容所に向け派遣
一九四三	18	**2　泰緬鉄道最大の難所、ヒントクに移動** 10・25　泰緬鉄道開通式
一九四四	19	**ターモアン、サラブリに移動** 連合国より捕虜、民間抑留者の日本軍の扱いについて度々抗議。12　ジャワにて高麗青年独立党結成

一九四五	20	4 「雇員」となり、タイ俘虜収容所バンコク本所に勤務。8・15 日本敗戦。9・29 「首実検」により戦犯容疑者に。バンコク郊外のバンワン刑務所に送られる 7・26 ポツダム宣言。「吾等（連合国）の俘虜を虐待せる者を含む一切の戦争犯罪人に対しては厳重なる処罰を加えらるべし」（第一〇項）と捕虜虐待を重視。8・15 天皇「終戦の詔勅」放送。敗戦。9・11 第一回戦犯容疑者逮捕令。東条英機、東条内閣閣僚、俘虜収容所関係者ら逮捕。9・17 下村定陸軍大臣、俘虜取扱に関する連合国側の訊問に対し、「編制素質」（朝鮮人・台湾人）が悪かったと説明するよう関係部隊に通達。12・8 米軍管理によるスガモ・プリズン開設、東条ら戦犯容疑者収容。この年、アジア各地でも日本軍関係者戦犯者訴追。四九カ所で連合国各国によるBC級戦犯裁判法廷が設けられる
一九四六	21	4 シンガポール、チャンギ刑務所に移送。9・25 取調べの上、起訴状が出される。10・24 起訴却下。12・24 釈放 5・3 A級戦犯を裁く東京裁判（極東国際軍事裁判）、開廷
一九四七	22	1・7 引揚げ船に乗船 1・21頃 香港で召喚状を受け取る。香港、スタンレー刑務所に収容。2・18 シンガポール、チャンギ刑務所に再度送還。3・10 起訴状出される。3・18 オーストラリアによる公判。3・20 第二回公判、同日死刑判決。死刑囚としてPホールに収容。11・7 二〇年に減刑
一九四八	23	10 オートラム刑務所に移管 11・12 東京裁判判決。A級戦犯として、絞首刑七名、終身刑一六名、有期刑二名。12・23 A級戦犯死刑執行。12・24 A級戦犯容疑者、釈放
一九五〇	25	1 オランダ関係戦犯、日本へ移管。6・25 朝鮮戦争勃発
一九五一	26	8・14 タイレア号にてシンガポールを離れる（イギリス・オーストラリア関係戦犯二三一名、うち朝鮮人二七名）。8・27 横浜到着。スガモ・プリズンに収容 9・8 サンフランシスコ講和会議、調印。朝鮮と韓国、国民党政府は招請されず

一九五二	27	4・28　サンフランシスコ平和条約発効と同時に日本国籍を喪失。日本政府により刑の執行は続行される。6・14　人身保護法に基づく釈放請求裁判を、朝鮮人二九名、台湾人一名で東京地裁に提訴。7・30　最高裁、「科刑時が日本人である」として請求却下、拘禁継続。スガモ・プリズン内の「平和グループ」に入り、社会科学等を学ぶ 4・30「戦傷病者戦没者遺族等援護法」公布、四月一日に遡り適用。戸籍法の適用を受けない朝鮮人・台湾人は対象外
一九五三	28	7・27　朝鮮戦争休戦協定調印
一九五四	29	4　中央労働学院で一年間学ぶ 12・29　釈放となった朴昌浩が出所拒否。釈放後の住宅・就職・生活資金を要求
一九五五	30	4・1　会員70名とともに「韓国出身戦犯者同進会」を設立。4・23　鳩山一郎首相に、早期釈放、生活保障、遺骨送還等を求め要請書提出 4・2　シンガポール裁判刑死者の遺骨、日本に送還。厚生省復員局保管。7・19　朝鮮人元BC級戦犯者・許栄、首つり自殺。11・24　援護団体「清交会」設立（会長田中武雄）
一九五六	31	10・6　仮釈放。池袋のアパートに暮らす 6・14　刑死者遺骨を厚生省から田中日淳師が住職をつとめる照栄院に移す。10・20　朝鮮人元BC級戦犯者・梁月星、鉄道に飛び込み自殺。12　鳩山一郎首相に要請書提出。刑死者遺族に五〇〇万円、服役者に一日あたり五〇〇円の支給を要請
一九五七	32	1・8　石橋湛山首相私邸にデモ、要請書提出。8・14　岸信介首相に要請書提出。官邸前で座り込み 4・5　金昌植、出所。朝鮮人戦犯最後の釈放。9・2　同進会、韓国駐日代表部に後援を依頼。11　日本政府、日本在住の朝鮮・台湾人戦犯者に対し、一人五万円の見舞金を支給

一九五八	33	6・18 タクシー会社設立にむけ、一般乗用旅客自動車輸送事業申請。三〇台 12・26 閣議了解「スガモ刑務所出所第三国人の慰藉について」に基づき、政府、一人一〇万円の見舞金支給、生業確保、公営住宅の優先入居を了承
一九六〇	35	5 池田勇人首相に要請書提出（以降も歴代内閣に要請）。7・13 タクシー事業の免許下りる。一〇台。11 同進交通、板橋に開業。耳鼻咽喉科医・今井知文が支援
一九六一	36	7・1 姜福順と結婚。11 母高三叔、死去
一九六二	37	10 長男誕生。父の還暦祝いのため、二〇年ぶりに故郷に帰る。同進会、この年から翌年にかけ、西村英一厚生大臣、細谷喜一官房副長官、近藤総理府参事官らと精力的に面会し、国家補償を求める
一九六四	39	1 次男誕生
一九六五	40	6・22 日韓会談妥結、日韓基本条約・請求権協定調印。12・18 発効。以降、日本政府は「完全かつ最終的に解決ずみ」と主張。国家補償要求運動はまったく動かず、同進会、刑死者の遺骨送還に運動の重点を移す
一九六六	41	5・20 同進会、韓国政府へ嘆願書提出。外務部長官からの回答「人道的見地から適切な措置を講じるように日本政府に要請することを駐日大使に指示したことを通知します」(10・20)。10・17 趙文相ら朝鮮人刑死者一七人が靖国神社に合祀される
一九七一	46	11 韓国在住元戦犯刑死者遺族卞光洙、韓国政府に「対日民間請求権申告法」に基づき補償金を申請。「一九四五年八月一五日以前に発生した請求権ではない」と受理されず（一九七五年四月）
一九七六	51	東京都保谷市ひばりが丘に住宅を購入 内海愛子、同進会を訪問。朝鮮人BC級戦犯者問題究明の端緒
一九七八	53	父、同居する予定で来日。約一カ月滞在ののち帰国
一九七九	54	6・14 衆議院社会労働委員会「韓国出身戦犯者の遺骨送還に関する請願」採択

一九八二	57	6・25 内海愛子『朝鮮人BC級戦犯の記録』（勁草書房）刊行。12・6 厚生省援護局主催、「韓国出身戦争裁判刑死者還送慰霊祭」挙行。五体の遺骨、韓国へ
一九八三	58	同進交通の「内紛」により、二年間経営から離れる 会の名称を「韓国出身戦犯者同進会」から「同進会」に変更
一九八四	59	4 遺骨を池上本門寺照栄院から祐天寺に移管
一九八七	62	9・29 「台湾住民である戦没者の遺族等に対する弔慰金等に関する法律」等により、台湾人戦死者、重度障害者に一人二〇〇万円の見舞金支給決定
一九九一	66	今村嗣夫弁護士らと相談し、訴訟準備。7・9〜19 NHKの取材で泰緬鉄道現場へ「慰霊の旅」。8・19〜20 オーストラリア・キャンベルで開かれた「泰緬鉄道に関する国際会議」に出席。元捕虜のダンロップ軍医に謝罪・和解。11・12 韓国・朝鮮人BC級戦犯者の国家補償等請求事件を東京地裁に提訴（原告＝文泰福ほか七名、弁護団＝今村嗣夫ほか七名）。原告の一人として、条理に基づき謝罪と補償を求める 3 「日本の戦争責任を肩代わりさせられた韓国・朝鮮人BC級戦犯を支える会」結成（事務局長・田口裕史）。8・21 戦犯となったショックで戦後四〇年間精神病院で過ごした李永吉死去。8・15 NHKスペシャル「チョウムンサンの遺書」（ディレクター桜井均）放送。8 元「慰安婦」の金学順、名乗り出る。以降、戦後補償を求める裁判、相次ぐ
一九九三	68	7・26、10・18 原告本人尋問のため、二度にわたり東京地裁法廷に立つ
一九九五	70	11・24〜26 韓国・朝鮮人BC級戦犯者写真パネル展開催（東京・中野）。12・10〜12 同写真パネル展、韓国清州で開催 戦後五〇年。村山内閣総理大臣談話。植民地支配と侵略への反省を述べる
一九九六	71	9・9 東京地裁判決。原告の請求を棄却。被害は認めたものの、受忍論を持ち出し、国の立法政策に属する問題。東京高裁に控訴。「象徴的補償」として一人あたり二〇〇万円と謝罪文の交付に、請求内容を切り替える

一九九八	73	7・13　東京高裁判決。請求棄却。しかし、「国政関与者において、この問題の早期解決を図るため適切な立法措置を講じることが期待される」と立法措置を促す判示。最高裁に上告
一九九九	74	12・20　最高裁判決。請求棄却。ただし、被害を認定し、立法府に立法措置を促す判示
二〇〇〇	75	「韓国・朝鮮人「ＢＣ級戦犯者」の立法をすすめる会」発足（共同代表＝三木睦子・今村嗣夫・内海愛子）。石毛えい子衆議院議員の理解を得、立法運動を推進。3・30　参議院国民福祉委員会で清水澄子議員、丹羽雄哉厚生大臣に質問。6・7　「平和条約国籍離脱者等である戦没者遺族に対する弔慰金等の支給に関する法律」公布。在日の傷痍軍人・軍属に弔慰金支給
二〇〇三	78	3　韓国、「日帝強占下強制動員被害真相糾明等に関する特別法」公布（翌年四月発効）。「日帝強占下強制動員被害真相糾明委員会」発足し、被害調査が始まる。7・16　衆議院内閣委員会で石毛えい子議員が福田康夫官房長官に早期解決を要望
二〇〇五	80	4・1　衆議院議員会館で「同進会50年の歩みを聞く会」を開催（発起人＝佐藤剛男・熊代昭彦・岩屋毅・鳩山由紀夫・菅直人・大畠章宏・土井たか子衆院議員）。11・9〜11　韓国政府に対し日本政府への働きかけを要請（ソウル） 8　韓国政府、日韓会談関連外交文書を全面公開。韓国・朝鮮人ＢＣ級戦犯者問題は協議の俎上にのぼっていなかったことが判明
二〇〇六	81	6・5　韓国政府がＢＣ級戦犯者らの被った被害を公式に認定、祖国・韓国での名誉回復が実現（最終的に申請した八六名全員を被害認定）。6・20　駐日大使から認定証を受け取る。7・9　「韓国・朝鮮人元ＢＣ級戦犯者「同進会」の韓国政府による名誉回復を祝う会」開催（東京・四谷） 10　「同進会を応援する会」発足（代表＝内海愛子）
二〇〇七	82	2・25　ソウルにて韓国遺族会結成（のち韓国同進会。会長姜道元）。結成総会に内海愛子・有光健とともに参加。5・27　在日韓人歴史資料館（東京・麻布）で「韓国・朝鮮人ＢＣ級戦犯者問題」企画展開催。同進会および個人の資料が寄託・展示される。12・8　韓国遺族会と日韓共同シンポジウム開催、発言（東京・韓国ＹＭＣＡアジア青少年センター）

二〇〇八	83	5・29 民主党、「特定連合国裁判被拘禁者等に対する特別給付金の支給に関する法律案」を提出（提出議員＝泉健太、大畠章宏、佐々木隆博ほか）。集会で法案成立への期待を述べる。衆議院総務委員会で継続審議（二〇〇九年七月廃案）。6・23 韓国・天安市「望郷の丘」で同進会・韓国同進会、合同慰霊祭を開催。弔辞を読む 8・17 NHK、ETV特集「韓国・朝鮮人戦犯の悲劇」（ディレクター渡辺考）放送。12・5～8 同進会二世など一〇名が韓国に渡り韓国遺族と交流
二〇〇九	84	8・30 総選挙で民主党圧勝。政権交代へ
二〇一一	86	3・11 東日本大震災。国会要請を一時見合わせ、一〇月より再開。
二〇一二	87	3・28 韓国国政選挙で初めて海外投票を行う。4～ 国会議員会館にて、三回連続集会。早期立法実現を訴える。 12・13 総選挙で自民党圧勝。民主党政権倒れる
二〇一三	88	11・8～12・15 韓国・民族問題研究所ほか主催の「戦犯となった朝鮮青年たち」展（於・ソウル市立歴史博物館）開催。シンポジウムに合わせ、韓国へ
二〇一四	89	4・26～29 「戦後69年目の韓国・朝鮮人BC級戦犯者問題」写真パネル展、関連映像上映会開催（東京・中野）。10・14 韓国政府がBC級戦犯者の人権を守るために日本政府と外交折衝してこなかった不作為は憲法違反であると、日韓双方の関係者一〇名で韓国憲法裁判所に訴願（張完翼弁護士）
二〇一五	90	4・1 「「同進会」結成六〇年記念・立法を求める総決起集会」開催（衆議院議員会館） 3・27 藤田幸久参議院議員が予算委員会で安倍晋三首相に質問。4・7、5・12 藤田議員、外交防衛委員会で岸田文雄外務大臣に質問。岸田外相「心が痛む問題」。9・19 安保関連法制、強行採決
二〇一六	91	立法措置を講じるよう国会議員への要請を続ける

●主な参考文献

李鶴来『私の手記』一九五二年
李鶴来「サラオンキル（生きてきた道）」『生き活き通信』一九九八年六月号〜一九九九年六月号（全九回）

＊

内海愛子『朝鮮人BC級戦犯の記録』勁草書房、一九八二年（岩波現代文庫、二〇一五年）
内海愛子『キムはなぜ裁かれたのか』朝日選書、朝日新聞出版、二〇〇八年
内海愛子『スガモプリズン——戦犯者たちの平和運動』歴史文化ライブラリー、吉川弘文館、二〇〇四年
内海愛子『日本軍の捕虜政策』青木書店、二〇〇五年
内海愛子『朝鮮人〈皇軍〉兵士たちの戦争』岩波ブックレット、岩波書店、一九九一年
内海愛子＋韓国・朝鮮人BC級戦犯を支える会『死刑台から見えた二つの国』梨の木舎、一九九二年
内海愛子、G・マコーマック、H・ネルソン編著『泰緬鉄道と日本の戦争責任——捕虜とロームシャと朝鮮人と』明石書店、一九九四年
内海愛子・村井吉敬『赤道下の朝鮮人叛乱』一九八〇年、勁草書房

＊

韓国出身戦犯者同進会『裁判記録』——人身保護法による釈放請求事件』一九五七年
日本の戦争責任を肩代わりさせられた韓国・朝鮮人BC級戦犯を支える会『韓国・朝鮮人BC級戦犯者の国家補償等請求事件』訴状、原告本人尋問調書（1〜5集）、証人尋問調書、最終準備書面、一九九一〜

九六年
韓国・朝鮮人元ＢＣ級戦犯者「同進会」『同進会50年の歩みを聞く会　報告書』二〇〇五年
韓国・朝鮮人元ＢＣ級戦犯者「同進会」『韓国・朝鮮人元ＢＣ級戦犯者「同進会」の韓国政府による名誉回復を祝う会 記録』二〇〇六年
韓国・朝鮮人元ＢＣ級戦犯者「同進会」『資料　韓国・朝鮮人元ＢＣ級戦犯者問題』二〇〇七年
在日韓人歴史資料館編著『写真で見る在日コリアンの一〇〇年──在日韓人歴史資料館図録』明石書店、二〇〇八年

＊

今村嗣夫『アイデンティティーへの侵略──いま、高校生と語る戦後補償と人権』新教出版社、一九九五年
田口裕史『戦後世代の戦争責任』樹花舎、一九九六年
桜井均『テレビは戦争をどう描いてきたか──映像と記憶のアーカイブス』岩波書店、二〇〇五年
大森淳郎・渡辺考『ＢＣ級戦犯　獄窓からの声』日本放送出版協会、二〇〇八年
大山美佐子「「日本の戦犯」にされた朝鮮人たち」有光健ほか『未解決の戦後補償──問われる日本の過去と未来』創史社、二〇一二年
岡田泰平「朝鮮人ＢＣ級戦犯運動の現在」『日韓 歴史問題をどう解くか──次の一〇〇年のために』岩波書店、二〇一三年

ターリン（ソ連書記長）が欧州の戦後処理と対日戦終結方策を討議し、米英の間で協定され、あとから蒋介石の同意を得た。ソ連は8月8日の対日参戦とともにこの宣言に加わり、4主要連合国の宣言となった。全部で13項目からなり、はじめの5項目で対日警告を、第6項以下で軍国主義的権力の除去、日本の占領、領土の制限、軍隊の武装解除、戦争犯罪人の処罰（「吾等ノ俘虜ヲ虐待セル者ヲ含ム一切ノ戦争犯罪人ニ対シテハ厳重ナル処罰ヲ加ヘラルベシ」第10項）、人権の確立などを降伏条項として提示している。日本は8月14日にこれを受諾決定し無条件降伏した。

予科練

旧日本海軍の「飛行予科練習生」の略称。1930年、航空兵力の拡充を目的として、少年たちを対象に予科練教育が開始された。志願制で、旧制中学校4学年1学期終了程度の者から採用する甲種、高等小学校卒業程度の者から採用する乙種、海軍兵から採用する丙種の3種があった。アジア太平洋戦中には大きく増員され，修了者は特攻にも動員されていく。

早稲田講義録

東京専門学校（1902年に早稲田大学と改称）が、1886年に「通信教育制度」を開始する。「講義録」を発行し、それを用いた在宅学習を行うというものであった。考案者の高田早苗が死去する1938年までの間に、100万人を超える受講者があったとされる。「講義録」を用いた在外生制度は1958年まで続けられた。

作成：田口裕史・大山美佐子

今日まで様々なご苦労をされたのは心が痛む問題」と答弁している。

日韓併合

1910年8月22日の「日韓併合に関する条約」と、29日の「日韓併合に関する宣言」によって、当時の大韓帝国は日本の植民地とされることとなった。「日韓併合に関する条約」では、韓国の統治権を韓国国王が日本の天皇に譲与するとされており、この条約により朝鮮の李王朝は消滅。ただし、本条約の有効性をめぐる論議がある。

これ以前より日本は、事実上朝鮮を植民地支配していたが、日韓併合後は、朝鮮人の民族性と人権を抑圧する諸政策がより強化された。それにともない、日本の圧政に対抗する朝鮮人の抗日運動が盛んとなる一方、日本はこれを弾圧していった。

野口部隊

朝鮮人捕虜監視員を訓練するために編成された「釜山西面臨時軍属教育隊」の通称。隊長が野口譲陸軍大佐であったため、こう呼ばれた。3224名の朝鮮人軍属が1942年6月から8月までの2カ月間、ここで訓練を受けた。捕虜を監視するという後方任務に携わる軍属であるにもかかわらず、皇軍の一翼を担うべく、戦陣訓や軍人勅諭を暗唱させられ、些細なことでもビンタを加えられるという通例の「初年兵教育」にも等しい過酷な訓練が行われた。また、ここでは、捕虜の取扱いについて定めた「ジュネーブ条約」の存在すら教えられなかった。

バンワン刑務所

バンコクの北方郊外にある刑務所。日本軍の戦争犯罪人容疑者が収容された。ここでは裁判は行われず、容疑者はシンガポールのチャンギー刑務所などに移送された。

捕虜監視員

1942年5月、朝鮮総督府情報課から、俘虜収容所の監視員として朝鮮人を募集することが発表された。対象年齢は20歳～35歳。月給50円の2年契約という内容だった。しかし、結局2年間の契約は守られず、朝鮮人捕虜監視員たちは、派遣された南方各地で敗戦を迎えることとなった。

ポツダム宣言

1945年7月26日、ベルリン郊外のポツダムで、トルーマン（米大統領）・チャーチル（英国首相）・ス

同進会

1955年4月1日、韓国・朝鮮人元BC級戦犯と刑死者遺族によって結成された相互扶助団体。前身の「郷愁会」（世話役代表・高在潤）、「韓人会」（世話役代表・洪起聖）を経て創設。歴代会長は、李鶴来（1955～56年）金鏞（1957～58年）、李義吉（1959～60年）、李大興（1961～85年）、文泰福（1986～98年）、李鶴来（1999年～）。1983年4月に名称を「韓国出身戦犯者同進会」から「同進会」へと改称。同会は「相互扶助の下に基本的人権並びに生活権の確保を目的」（規約2条）とし、遺骨の送還、生活保護、国家補償などを要求して日本政府と交渉。一部の遺骨の送還と一部の生活補助はなされたものの、国家補償について日本政府は現在にいたるまで何の措置も講じていない。

日韓条約

1965年6月22日、日韓の関係正常化を目的として締結された「日本国と大韓民国との間の基本関係に関する条約（日韓基本条約）」と、それに付随する「財産および請求権に関する問題の解決並びに経済協力に関する日本国と大韓民国との間の協定（日韓請求権協定）」等の総称。「日韓請求権協定」第1条では、日本が韓国に対し3億ドル分の「日本国の生産物及び日本人の役務」を無償供与することなどが定められ、第2条では日韓両国およびその国民の間の請求権問題が「完全かつ最終的に解決されたこととなることを確認する」と記されている。当時、条約締結に向けて日韓両国内で強い批判の声があがっており、韓国は与党・民主共和党だけで、日本は自民・民社両党の賛成だけで条約の批准が行われた。これ以降、同進会による補償等請求は「日韓条約で解決済み」として日本政府に斥けられ続けることとなる。

なお、2005年には、「日韓条約」締結に向けて行われた日韓会談関連の外交文書を韓国政府が公開。同条約・協定の成立過程においてBC級戦犯問題が「当初から日本に対する請求の対象ではなく」「考慮の対象外」であったことが明らかになっている。

2015年5月12日の参議院外交防衛委員会における、藤田幸久議員の質問に対し、岸田文雄外務大臣は、日韓交渉においてＢＣ級戦犯者問題に関し、韓国と日本との間でやりとりがあったことを認め、「朝鮮半島出身のいわゆるＢＣ級戦犯の方々が入所者は1万7664名）とされるが、「志願」とは名ばかりで、実際には何らかの形での圧力が加わった強制であった。1944年3月、徴兵制実施のため志願兵制は廃止された。

朝鮮戦争

大韓民国・朝鮮民主主義人民共和国間の武力衝突に起因する国際的紛争。1950年6月25日からまる3年間にわたり、国連軍（実質的には米軍）、中国人民義勇軍などが参戦するなか、戦線が朝鮮半島をローラーのように南北に移動したため、多大な人的・物的被害を出した。そもそも1945年8月15日、日本統治からの解放と同時に、大国の利害によって朝鮮が南北に分割統治されたことに遠因がある。戦争による膨大な「特需」で、日本は経済復興への足がかりを得る一方、朝鮮の分断は固定化され、多くの在日朝鮮人が帰国を阻まれることになった。

徴兵制

朝鮮人の徴兵が閣議決定されたのは1942年5月8日（実施は44年）。当時の新聞や雑誌などでは、徴兵制の実施を「半島青年の栄誉」として大々的に宣伝した。またこれは、朝鮮人捕虜監視員の募集と相前後した時期であったため、徴兵されるくらいならと、監視員に「応募」した者も少なからずいたという。

鉄道隊

泰緬鉄道工事進行の中枢を担っていたのは、鉄道第5連隊（ビルマ側）と鉄道第9連隊（タイ側）であった。鉄道隊は、日本人軍人・軍属をもって構成される部隊。捕虜監視員は、鉄道隊の指示により必要な人数の捕虜を引き渡すのみで、工事は鉄道隊の指揮の下に行われた。

東京裁判

第2次大戦における日本の戦争犯罪を裁くために連合国が行った裁判。東条英機ら28名が被告となった。正式名称は、極東国際軍事裁判。1946年5月3日から48年4月16日まで審理が行われ、48年11月12日に刑が宣告された。被告28名中3名は病死などで免訴。残った25名全員が有罪であり、東条ら7名が死刑判決を受けている。

この裁判では、天皇の戦争責任や生物化学兵器に関わる戦争犯罪は免責され、またアジアに対する責任が十分に追及されなかったなどの問題が残された。

泰緬鉄道

1942年6月、建設命令が出され、同年7月着工。翌43年10月に完成した、タイ－ビルマ間を結ぶ414.916キロの鉄道。インパール作戦をはじめとする日本軍の対ビルマ作戦の物資輸送のために計画された。労働力、資材の両方を現地調達する方法がとられ、日本軍の作戦でありながら、監視員には朝鮮人の軍属、労働力には現地のマレー人など「ロームシャ」や、連合国軍兵士であった捕虜が使役された。食糧や医薬品が不足した上に、短期間の完成が要求された難工事であり、多くの犠牲者を生んだ。動員された6万名超の捕虜のうち、飢餓・疾病・重労働等のために1万3000名が死亡したとされる。このため「死の鉄路」とも呼ばれた。

ダンロップ（エドワード・ダンロップ Edward Dunlop）

1907年、オーストラリアのビクトリア州に生まれる。1942年2月に日本軍捕虜となり、バンドン、チャンギー、カンニュー、ヒントクなどの収容所を転々とした。軍医大佐として数多くの兵士の命を救い、オーストラリア人の尊敬を集めていた。日本の捕虜であった時期に書いた日記が刊行されている（*The War Diaries of Weary Dunlop*, 1986、『ウェアリー・ダンロップの戦争日記』河内賢隆他訳、而立書房、1997年）。1991年8月、李鶴来さんはオーストラリアで開催されたシンポジウムに参加し、再会。お詫びを述べ、和解する。1993年死去。

チャンギー刑務所

シンガポール島の東端にあり、戦前はイギリスのアジア支配を象徴するかのような刑務所として有名であった。日本のシンガポール占領当時は、日本軍が英軍捕虜や民間人を収容していた。しかし日本敗戦後は、イギリス・オーストラリアによるBC級戦犯裁判で有罪となった日本人・朝鮮人・台湾人の戦犯や、戦犯容疑者が収容されることとなる。ここで処刑された戦争犯罪人は、124名。朝鮮人刑死者23名のうち10名が、ここで絞首刑を執行されている。

朝鮮人志願兵

1938年2月、「陸軍特別志願兵令」が公布され、朝鮮人青年たちを日本の軍隊に兵士として動員することが決定された。1943年度までの志願者総数は約80万名（うち訓練所

虜虐待や一般民衆の拷問、強姦など戦時の法規または慣例に違反する行為)」を犯し、各連合国の軍事裁判で有罪判決を受けた者のこと。

BC級戦犯裁判は、1945年10月から1951年4月までの期間に、東アジア各地で開廷された。アメリカ合衆国、イギリス、オーストラリア、フィリピン、フランス、オランダ、中華民国の各国が、それぞれ独自の法令を根拠として裁判を行っている。総件数は2244件、被告は5700名にのぼる。死刑984名、無期刑475名、有期刑2944名であった。このほかにソ連と中華人民共和国による裁判もある。

しかし、BC級戦犯裁判においては、通訳や弁護人の不備、証拠や審理の不十分さなど多くの問題が残された。戦犯とされた朝鮮人は148名。うち23名が死刑を執行されている。

創氏改名

朝鮮支配をより強化するための皇民化政策の一環として、朝鮮固有の姓を日本式の氏名に変えさせる「創氏改名」が強行された。1939年11月、朝鮮民事令改正という形で公布され、1940年2月11日施行。

対日民間請求権（対日民間請求権申告法・補償法）

韓国政府は1971年に「対日民間請求権申告法」、1974年に「対日民間請求権補償法」を制定し、徴兵・徴用による死亡者遺族に各30万ウォンの補償金を支払った。「日韓条約」に基づき日本から供与された生産物等の使用によって生じた「ウォン貨資金」の一部を投じたものである。しかし、負傷者、生存者や在日韓国・朝鮮人には補償が行われず、不十分なものに終わった。また、補償は「1945年8月15日以前」の死亡者遺族に限られていたので、戦犯として戦後（つまり1945年8月15日以降）処刑されたBC級戦犯者は対象から除外されている。

タイ俘虜収容所

1942年8月15日編成。本所（本部）はバンコクに、分所はタイ側とビルマ側に置かれ、泰緬鉄道の建設工事に従事させる捕虜（計画時には5万5000人、最大時には6万名を超えた）を収容・管理した。捕虜の監視には少数の朝鮮人軍属があたり、1942年当初800名。その後、敗戦時までに捕虜監視員としてここに派遣された朝鮮人軍属は約1000名だった。

シスコ平和条約発効と当時に、一方的に日本国籍を失った朝鮮人・台湾人戦犯だが、同条約11条「日本国は、…連合国戦争犯罪法廷の裁判を受諾し、且つ、日本国で拘禁されている日本国民にこれらの法廷が課した刑を執行する」の対象とする「日本国民」ではない、と釈放を請求。しかし、いきなり最高裁へ送致され、1カ月後の7月14日、「刑が科された当時、日本国民であった」と請求を棄却。原告人らは以降も日本政府に拘禁されつづけ、釈放後は日本人ではない、と援護の対象から外された。

スガモ・プリズン（巣鴨刑務所）

日本敗戦後の1945年11月、東京拘置所を接収したアメリカ軍は、ここをスガモ・プリズンと改称して、戦犯容疑者を収容し、刑を執行した。開設は同年11月14日。東条英機らA級戦犯者もここに収容されて刑を執行されている。朝鮮人戦犯は1950年から51年にかけてアジア各地の刑務所からスガモ・プリズンに送られ、引き続きここで服役した。サンフランシスコ講和条約発効後、スガモ・プリズンは日本に移管され、巣鴨刑務所と名称を変える。日本の戦争責任を負わされた朝鮮人戦犯たちは、今度は日本政府によって残りの刑を執行されることとなる。なお同所跡地は、現在、池袋サンシャインシティ・ビルとなっている。

戦陣訓

1941年、当時の陸軍大臣東条英機が、戦場にのぞむ兵士の心得として示達した。「本訓其ノ一」から「其ノ三」まである。BC級戦犯裁判との関係で注目すべきなのは、「本訓其ノ二」の「第八 名ヲ惜シム」に、「生キテ虜囚ノ辱メヲ受ケズ、死シテ罪禍ノ汚名ヲ残スコト勿レ」と記されていたことである。日本軍兵士は捕虜になるよりは自決することを強制されたのであり、また、これが敵軍捕虜に対する日本兵の偏見と軽蔑を生んだともいえる。

戦犯・BC級戦犯裁判

戦犯（戦争犯罪人）は、A級とBC級の2種に大別される。A級戦犯とは、極東国際軍事裁判（東京裁判）において「平和に対する罪（侵略戦争の計画、準備、開始、遂行および共同謀議）」等を犯したものとして有罪判決を受けた日本の戦争指導者たちで、東条英機ら25名がこれにあたる。一方、BC級戦犯とは、特定の地域で「通例の戦争犯罪（捕地支配下の強制動員の被害実態調査等を目的としている。被害申請件数は約22万件にのぼった。韓国・朝鮮人元BC級戦犯者の被害認定も同委員会によって行われている。

その後、2007年には「太平洋戦争前後国外強制動員犠牲者等の支援に関する法律」、2010年には「対日抗争期強制動員被害調査及び国外強制動員犠牲者等の支援に関する特別法」が制定され、被害者とその遺族等に慰労金等が支給された。ただし、韓国政府が自国民に対し行う給付であり、在日韓国人や当然ながら北朝鮮籍の犠牲者は含まない。

2010年以降は、「対日抗争期強制動員被害調査及び国外強制動員犠牲者等支援委員会」が「真相糾明委員会」の事業を引き継いでいる。

ジュネーブ条約

ここでは、1929年に締結された「俘虜の待遇に関する条約」のこと。97条からなり、「俘虜ハ常ニ博愛ノ心ヲ以テ取リ扱ハルベク且暴行、侮辱及公衆ノ好奇心ニ対シテ特ニ保護セラルベシ、俘虜ニ対スル報復手段ハ禁止ス」（第2条）などと、捕虜の人道的待遇の基本精神を定めた。日本は調印したが、「日本軍人は俘虜になることを厳に禁じられている」などとする陸海軍は強硬に反対。枢密院で賛成が得られず批准を保留した。太平洋戦争開戦直後には、連合国からの照会に対し、東郷茂徳外相の名で同条約を「準用」すると回答している。しかし実際には朝鮮人軍属や一般の兵士は同条約について教えられておらず、「白人俘虜ハ（中略）生産拡充並ニ軍事上ノ労務ニ利用スル」との「俘虜処理要領」に則って、非人道的な取扱いが行われた。

小隊・分隊

基本的に日本軍は、師団、連隊、大隊、中隊、小隊、分隊によって構成されており、1個師団には3～4個連隊が、1個連隊には4個大隊が、1個大隊には4～5中隊が、1個中隊には3～4小隊が編制されていた。1個小隊は約50人で構成され、最小戦闘単位である分隊2～3個で編制されていた。平時と戦時では兵員の数がかなり増減していた。

人身保護法による釈放請求裁判

スガモ・プリズンに収監中だった朝鮮人戦犯者29名、台湾人戦犯者1名が、1952年6月14日に東京地裁に提訴した釈放請求裁判。原告代理人・加藤隆久弁護士。サンフラン

著しい不利益を受けていることは否定できない。

このような状況の下で、戦犯者控訴人らが不平等な取り扱いを受けていると感じることは、理由のないことではないし、その心情も理解し得ないものではない。

この問題について何らの立法措置が講じられていないことが立法府の裁量の範囲を逸脱しているとまではいえないとしても、適切な立法措置がとられるのが望ましいことは、明らかである。第二次大戦が終わり、戦犯控訴人らが戦犯者とされ、戦争裁判を受けてから既に50年余りの歳月が経過し、戦犯者控訴人らはいずれも高齢となり、当審係属中にも、そのうちの2人が死亡している。国政関与者において、この問題の早期解決を図るため適切な立法措置を講じることが期待される」(1998年7月13日)

●最高裁「上告人は、いずれも我が国の統治下にあった朝鮮の出身者であり、昭和17年ころ、半ば強制的に俘虜監視員に応募させられ、…有期及び極刑に処せられ、深刻かつ甚大な犠牲ないし損害を被った。

上告人らが被った犠牲ないしは被害の深刻さにかんがみると、これに対する補償を可能とする立法措置が講じられていないことについて不満を抱く上告人らの心情は理解しえないではないが、このような犠牲ないし損害について立法を待たずに戦争遂行主体であった国に対して国家補償を請求できるという条理はいまだに存在しない。

立法府の裁量的判断にゆだねられたものと解するのが相当である」(1999年12月20日)

シンガポール華僑粛清事件

1942年2月15日にシンガポールを占領した日本軍は、同年2月から3月にかけて18歳から50歳の華人男子を集めて尋問。「抗日分子」「ゲリラ兵」等とみなした市民多数をトラックで海辺などに連行し、機関銃を掃射するなどして殺害した。同様の粛清は、その後、マレー半島全域で行われている。日本敗戦後、イギリスはこの虐殺事件の責任を問い、戦犯裁判を行った(判決は絞首刑2名、終身刑6名)。

真相糾明委員会(日帝強占下強制動員被害真相糾明委員会)

2004年11月、韓国で、「日帝強占下強制動員被害真相糾明等に関する特別法」(2004年3月5日)に基づき設置された国家機関。日本植民韓国への帰国もままならなかった。

先に出所した者たちが生活の困窮に直面し、重い苦労を抱え続ける状況をみて、1954年12月には、朴昌浩さんが出所を拒否。出所後の住居の斡旋、被服および寝具の支給、一時生活資金の支給を要求した。巣鴨刑務所の朝鮮人戦犯たちはこれを支援し、関係者への請願を行っている。翌年1月、住居と就職の斡旋と、出所祝い金として3万円の支給があり釈放に応じたが、その後も尹東鉉さんら他の朝鮮人戦犯たちが出所拒否を表明している。韓国・朝鮮人元戦犯者2名が自殺したのも、この頃のことである（1955年7月許栄さん、1956年10月梁月星さん）。

条理裁判（韓国・朝鮮人元BC級戦犯者と遺族による国家補償等請求裁判）

長年にわたる国家補償請求を無視され続けてきた韓国・朝鮮人元BC級戦犯者と遺族が、1991年11月12日、日本政府を相手取って国家補償や謝罪文交付などを求め東京地方裁判所に提訴した裁判。

原告は文泰福、李鶴来、金完根、尹東鉉、文済行の日本在住の5名と、韓国在住の朴允商、卞光洙（遺族）の計7名。提訴当日原告団は、「戦犯となった韓国・朝鮮人148名全員が原告である」と声明。原告代理人は、今村嗣夫ほか計7名の弁護士。特別の犠牲と損失を被った原告らに対し、法律がなくとも「条理」（正義・公平の原理）に基づいて国家補償せよ、と主張。

地裁判決（1996年9月9日）、東京地裁判決（1998年7月13日）を経て、最高裁判決（1999年12月20日）で原告請求棄却判決が確定した。ただし、被害事実を認定し、立法を促す付言判示を行う。⇒次項参照

条理裁判における司法の見解

1991年11月12日提訴の国家補償請求裁判（条理裁判）は原告側敗訴に終わったが、司法は当事者らの被った被害につき事実認定をし、立法を促す付言判決を行った。

●東京地裁「我が国の軍人軍属及びその遺族に対する援護措置に相当する措置を講じることが望ましいことは言うまでもない。しかし、国の立法政策に属する問題」（1996年9月9日）

●東京高裁「国際的、政治的その他の諸事情によるやむを得ない面があったとはいえ、戦犯者控訴人らについてみれば、ほぼ同様にあった日本人、更には台湾住民と比較しても、

高麗独立青年党

1944年12月29日、ジャワ俘虜収容所に勤務していた10名の朝鮮人軍属たちが秘密裏に結成した抗日組織。内海愛子・村井吉敬『赤道下の朝鮮人叛乱』(勁草書房、1980年)に詳しい。なお、同組織の一員で、後に独立有功者として韓国政府から「建国褒章」を受賞している李相汶《イサンムン》さんは、2015年12月、日本で補償等要求運動を続ける李鶴来さんに支援と激励のメッセージを送っている。

サンフランシスコ平和条約(日本国との平和条約、サンフランシスコ講和条約)

1951年9月8日、アメリカを中心とする48カ国と日本の間に調印された平和条約。朝鮮・中国はどちらも会議に招請されず、ソ連・ポーランド・インド等は署名あるいは参加を拒否、インドネシアは未批准などのため、いわゆる「単独講和」「片面講和」であると批判された。朝鮮の独立、台湾・千島列島などへの日本の主権放棄を定め、連合国の賠償放棄とともに、日本の独立回復後も、戦犯の残刑を日本が執行する(第11条「日本国で拘禁されている日本国民にこれらの法廷が科した刑を執行するものとする」)ことが義務づけられた。

在日朝鮮人は1952年4月28日の条約発効と同時に日本国籍を失った。つまり、その歴史的条件が無視され、日本国民としての権利を一方的に剥奪され「外国人」となったのである。ところがスガモ・プリズンの朝鮮人戦犯たちは、「刑が科された当時は日本人であった」として釈放されず、「日本人であった時の責任」を負って拘留され続けた。

出所拒否

朝鮮人戦犯にとってスガモ・プリズン(巣鴨刑務所)からの釈放は、必ずしも「解放」を意味しなかった。朝鮮半島から南方の各俘虜収容所に送り出された朝鮮人捕虜監視員たちにとって、日本は肉親・知人がほとんどいない「異国の地」に他ならない。にもかかわらず、出所後の生活を支えるための支援はきわめて不十分だった。ある者が仮釈放される際に受け取ったのは、軍服1枚と日用品一式、わずか5日分の「応急用主要食糧特配購入券」「応急用味噌醤油特配購入券」、そして身元保証人のところまで行く交通費のみであった。しかも、仮釈放の場合は「保護監察」下に置かれ、刑期が満了するまで日本国外へ出ることができず、は参加しない。軍属は、「文官」「雇員」「傭人」に区分される。「文官」は官吏（＝公務員）であり、技師・法務官・通訳官・教授・技師など専門職や雑務的な日常の事務作業を担当する職についた。ただし、軍属の多くは、その下級に位置づけられる「雇員・傭人」（＝使用人）である。「雇員」には事務に関する者と技術に関する者の２種がおり、「傭人」は玄関番・給仕・守衛・職工・運転手・消防夫・船員・看護婦・交換手等の職についていた。「傭人」は軍属中の最下級にあたる。朝鮮人戦犯者のほとんどは、この「傭人」にあたる捕虜監視員であり、日本軍組織内では二等兵以下の位置付けだった。

軍属読法

明治初めより日本軍において、入営した兵士は、ただちに誓文式（宣誓式）に参列させられた。この誓文式では、軍人勅諭が「奉読」されるとともに、兵士が日常守るべき法則訓戒である「読法」７カ条を読み聞かされ、それを遵守することを各人が自署捺印して宣誓させられた。1934年に一般兵士の宣誓式は廃止されるが、同年、軍属に対して「軍属読法」が布告された。その第３条には「長上ノ命令ハ其ノ事ノ如何ヲ問ハズ直チニ服従スベキコト」とある。

皇国臣民の誓詞

植民地支配下の朝鮮では、1937年に「皇国臣民の誓詞」が定められ、学校や職場など様々な場でその暗唱が義務づけられた。誓詞を反復朗誦させることにより、「皇国臣民であるという信念」を植え付けるためである。李鶴来さんが学校で暗唱させられた「皇国臣民ノ誓詞（其ノ一）」の内容は、以下の通り。「私共は、大日本帝国の臣民であります。私共は、心を合わせて天皇陛下に忠義を尽します。私共は、忍苦鍛錬して立派な強い国民となります」

皇民化教育

支配地域の人びとを「天皇に忠良なる皇国臣民」に育てていくための同化教育。君が代斉唱・日の丸掲揚や神社参拝、宮城（皇居）遥拝、「教育勅語」「皇国臣民の誓詞」の暗唱などが強要された。1938年には、朝鮮教育令改正により、学校での朝鮮語の授業は随意科目となり、日本語を常用させる政策が強化されている。

【本書を読むためのキーワード】

インパール作戦

1944年に日本軍が敢行した、英領インド北東部インパールへの侵攻作戦。インパールを拠点とするイギリス軍のビルマ進攻を阻むことなどを目的としたが、無謀な作戦計画だったために日本軍は惨敗した。死傷者数は7万2000人にのぼるとされる。

オートラム刑務所

チャンギー刑務所とともに戦犯容疑者・戦争犯罪人の収容が行われた刑務所。シンガポール市内にあった。日本がシンガポールを占領していたころは、陸軍刑務所として日本軍が使用していた。

仮釈放

戦犯の釈放には、刑の満期と仮釈放の2種類があった。1950年3月、連合国軍最高司令官総司令部（GHQ）は、戦犯に「拘留期間の恩典」（未決勾留期間を刑期に算入）、「善行特典」（規則を遵守し、懲罰を受けたことのない者の刑期を短縮）、そして「宣誓仮出所（仮釈放）」を認めると発表。米軍の日本占領経費の削減等を目的とした措置であるとされる。宣誓仮出所は、刑期の3分の1以上服役した者（終身刑の場合は15年以上服役した者）を審査対象とし、仮釈放を認めるものだった。

軍人勅諭

1882年1月4日、明治天皇が軍隊に「下賜」する形で発布された。正式名称「陸海軍軍人ニ賜ハリタル勅諭」。日本軍は天皇の統率するものであり、天皇が大元帥であるとした上で、「一、軍人ハ忠節ヲ尽スヲ本分トスベシ」など、軍人の精神を天皇が直接教え諭す形式をとった。また、「下級ノモノハ上官ノ命ヲ承ルコト実ハ直ニ朕ガ命ヲ承ル義ナリト心得ヨ」として、上官の命令に対する絶対服従を強制している。軍人勅諭は、軍隊内で絶対視され、兵士には暗唱が義務づけられた。

軍属（雇員・傭人）

旧日本軍では、軍を構成する要員のうち軍人でない者を総称して軍属と呼んだ。軍属は直接戦闘行動に

【著者紹介】

李鶴来（イ・ハンネ）

1925年、韓国全羅南道宝城郡生まれ。17歳のとき、日本軍軍属である捕虜監視員の募集に応じ、泰緬鉄道建設のため使役された捕虜の監視にあたる。戦後、戦犯に問われオーストラリア裁判で死刑判決。のち20年に減刑。「日本人」として罪を負わされ、援護と補償は「外国人」として一切切り捨てられる。1955年、同じ境遇の韓国・朝鮮人元ＢＣ級戦犯者とともに「同進会」を結成。以降一貫して日本政府の謝罪と補償を求め、闘い続ける。
現在、「同進会」会長。

【解説】

内海愛子（うつみ・あいこ）

恵泉女学園大学名誉教授。著書に『朝鮮人BC級戦犯の記録』（岩波現代文庫）『戦後補償から考える日本とアジア』（山川出版社）『歴史を学び、今を考える――戦争そして戦後』（加藤陽子と共著、梨の木舎）など。

【編集】

大山美佐子（おおやま・みさこ）

出版社勤務。同進会を応援する会世話人。当事者の聞き書きに『死刑台から見えた二つの国――韓国・朝鮮人BC級戦犯の証言』（内海愛子他編、梨の木舎）など。

■教科書に書かれなかった戦争 Part 64

韓国人元 BC 級戦犯の訴え――何のために、誰のために

2016 年 4 月 24 日　初版発行
2020 年 11 月 1 日　２刷発行

著　者：李 鶴 来
解　説：内海愛子
編　集：大山美佐子
装　幀：宮部浩司
発行者：羽田ゆみ子
発行所：梨の木舎
〒１０１－００６１
東京都千代田区神田三崎町２－２－１２ エコービル１階
Tel. ０３-６２５６-９５１７　fax. ０３-６２５６-９５１８
e メール　info@nashinoki-sha.com　http://nashinoki-sha.com
印刷所：株式会社 厚徳社　ＤＴＰ：具羅夢